ROCCO TARANTINO

L'UOMO LA DOLCE VITA BRUCIATA
EINE WAHRE GESCHICHTE

ROCCO TARANTINO

L'UOMO LA DOLCE VITA BRUCIATA
EINE WAHRE GESCHICHTE

Bibliografische Information der Deutschen Nationalbibliothek
Die Deutsche Nationalbibliothek verzeichnet diese Publikation in der Deutschen Nationalbibliografie; detaillierte bibliografische Daten sind im Internet über http://dnb.dnb.de abrufbar.

Titel der Originalausgabe:
L'uomo La Dolce Vita Bruciata

Untertitel der Originalausgabe:
Eine wahre Geschichte

Autor:
Rocco Tarantino

Manuskript © Rocco Tarantino

1. Auflage, 2016

332 Seiten

Dieses Werk ist urheberrechtlich geschützt.
Alle Rechte, auch die der Übersetzung, des Nachdrucks, der Verfilmung und der Verfielfältigung des Buches oder Teilen daraus, vorbehalten.

Künstlerischer Leiter der Originalausgabe:
Rocco Tarantino

Design und Layout mit Adobe Illustrator CC
Umschlaggestaltung mit Adobe Photoshop CC
Manuskript Scan mit Adobe Acrobat Pro DC

Alle Fotos © Rocco Tarantino

Herstellung und Verlag:
BoD - Books on Demand,
Norderstedt

© 2016 Rocco Tarantino

ISBN 978-3-7412-1093-8

Ich widme dieses Werk meiner Familie, insbesondere meinem Sohn Marco und meinen beiden Enkeltöchtern Sofia Maria und Emilia.

Für die nachfolgenden Generationen meiner Familie.

ROCCO TARANTINO

L'UOMO LA DOLCE VITA BRUCIATA
EINE WAHRE GESCHICHTE

INHALT

VORWORT 9

ALPHABET 11

DIE WAHRE GESCHICHTE 13

DAS ORIGINALDREHBUCH 289

VORWORT

L'UOMO

LA DOLCE VITA BRUCIATA

STORIA VERA STORIA

OLTRE DIECI ANNI SONO PASSATI
VELOCE PER SCRIVERE QUESTI LIBRI
DIVERSAMENTO DI TUTTI I ALTRI AUTORI
È SCRITTORI NEL MONDO.
È ANCHE PER POTERLO FARE CAPIRE
MEGLIO A TUTTI
 ANCHE AI LETTORI CHE NON VEDONO
TANTO BENE IL SCRITTO PICCOLO A UNA
CERTA ALTA ETÀ.
MA MIA SERVITO QUASO TUTTO LA MIA
GRANDE FORZA È LA VOLONTA È CON
TANTISSIMI SONNI PERSO È BELLISSIME
GIORNI È NOTTE D'IVERTIMENTI CON
LE BELLEZZE
IN QUESTI DI OLTRE DIECI ANNI
LUNGI. MA QUESTA VERA STORIA VERA
È PER TUTTI MESSO IL NERO SUL BIANCO
IN QUESTO PIANETO BLU ETERNAMENTO DA.

 ROCCO Tarantino

ROCCO TARANTINO

ALPHABET

| A | B | C | D | E | F |
| a | b | c | d | e | f |

| G | H | i | J | L | K | M |
| g | h | i | j | l | k | m |

| N | O | P | Q | R | S |
| n | o | p | qu | r | s |

| T | W | V | Y | Z |
| t | w | v | y | z |

| Ü | Ö | Ä |
| ü | ö | ä |

ROCCO TARANTINO

ROCCO TARANTINO

L'UOMO LA DOLCE VITA BRUCIATA

DIE WAHRE GESCHICHTE

L' UOMO
LA DOLCE VITA BRUCIATA.

NATO IN CASA PATERNA
ANTICA PUR TROPPO ERA
COSI, A QUEI TEMPI.
ALLA MATTINA ERA CURIOSO
FREDDO E NEVICAVA ANCHE
FORTEMETO, IL GIORNO DELLA
NASCITA IN CASA CERANO
QUASI TUTTI I FAMIGLIARI
ERANO PREOCUPATISSIMI CHI
PREPARAVO L'ACQUA CALDA
E CHI I PANNI IGIENICI, ED
ALTRI ARTICOLI IN SIEME
ALLA VAMMACE.

E TUTTE LA GENTE DEL
PAESO DOMANDAVANO SE

1

ERA GIA NATO IL BAMBINO
HO UNA BAMBINA.
NO NON È ANCORA NATO,
MA VERSO MEZZOGIORNO
FINALMENTO NAQUE IL
BAMBINO DISEDIRATO, ERA
BELLO E SANO E ANCHE
GRANDICELLO È TUTTA LA
FAMIGLIA ERANO CONTENTI E
FELICISSIMI, SIA CHE LA
MAMMA È IL BAMBINO DURANTO
LA NASCITA È STATO SENZA
COMBLICAZIONE È GRAZIE
A DIO.

È COSI SI ABRACCIAVANO
È SI DAVANO COMBLIMENTI
E I AUGURI CERTAMENTO PER
IL BELLISSIMO BAMBINO
NEO NATO.

ROCCO TARANTINO

L'UOMO LA DOLCE VITA BRUCIATA

SI SA CHE L'UOMO È UN CACCIATORE PER NATURA. E SEMBRE IN CERCA DI BOTTINO SPECIO, SE È UN UOMO MOLTO SENSIBILE E MOLTO FORTUNATO, NEL SUO CAMINO GIA DESTINATO DA DIO.

COSÌ CERCA GIA FUBAMENTO NEL MOMENTO CHE APERTO GLI OCHI DI FARSE SENTIRE CON I SUOI MALIZIOSSI STRILLI E CON LE LACRIME SEMBRE PER VI ERE I SUOI PROPI CAPRICCI CHE LUI VUOLE.

È PIÙ STRILLERA FORTEMENTO PIANGERA È DI PIÙ VUOLE ESSERE COCCOLADO È LI VIENE SEMPRE CEDUTO TUTTO

CHE LUI VUOLE, È COSI
SI LA PORTERA PER TUTTA
LA SUA VITA ETERNA.
ECCEDERA.

È COSI PER DIVESI GIORNI
VENIVANO TANTISSIMI PARENTI
È GENTE DEL PAESO A DARE
GLI AUGURI È TANTI REGALI
PORTAVANO ALLA NEO MAMMA
PER TRADIZIONE ANTICA DEL
PAESO,
È AIUTAVANO ANCHE A FARE
I LAVORI DI CASA CHE LA MAMMA
ERA A LETTO PER MOTIVO,
DELLA NASCITA DE BAMBINO,
È IL BABBO DOVEVO ANDARE
A LAVORARE IN CAMPAGNE
CHE A QUEI TEMPI DEL
SECOLO PASSATO ERANO QUASI

TUTTI CONDATINI, E I ALTRI
DUE RAGAZZI CERTAMENTO
DOVEVANO ADARE A SCUOLA.
ERANO MOLTISSIMI FELICE
CHE ERANO IN TRE,
È NATO UN FRATELLINO COSÌ
BELLO È GRANDICELLO.

È QUAND TORNAVANO DALLA
SCUOLA, È DOPO PRANZATO
È FATTO L'ELEZIONE DELLA
SCUOLA POTEVANO GIOCARE
CON IL L'ORO FRATELLINO,
DI ANCHE POTERE VEDRELO
GIORNI PER GIORNI COME BELLO
CRESCEVO.

SPECIALMENTO QUANDO ERANO
I TEMPI DELLA RACCOLTA IN
CAMPAGNA LA NOSTA MAMMA

ci preparava sembre i cibi per il nostro fratellino che lo dovevamo dare da mangiare sembre alla stessa ora, è a volta ci litigevamo chi lo dovevo dare da mangiare è anche da cambiare i pannlini è così cercavamo di passere il tempo più bello possibile che si poteva.

Ma non eravamo solamento fratello è sorella ma anche indirettamento i genitori di riserva.

A quei tempi era anche molto necessario specie

NEI TEMPI DELLA RACCOLTA
IN CAMPAGNA,
CHE A QUEI TEMPI NON CERANO
ALTRI MEDI È NE ANCHE I
NIDO PER I PICCOLINI BIMBI,
È COSI ERA ANCHE PER NOI
UNA BELLISSIMA ESPERIENZA
PER IL NOSTRO FUTURO
ETERNO, ECCEDERA.

IL BATTESIMO
DOPO DI ALCUNE SETTIMANE
PASSATE DELLA NASCITA
SI BATTEZZO IL BAMBINO
NATURALMENTO PER TRADIZIONE
È PER USANZA ANTICA ERA
VESTITO TUTTO IN BIANCO
ERA BELLISSIMO GUARDARLO.

È ANCHE BELLO PER TUTTI

i parenti che potevano essere presenti sia in chiesa.
È dopo la cerimonia della chiesa è tutti in sieme a casa dei genitori che cera già un grandissimo bangetto preparato per tutti L'invitati è cera anche il concertino di musica al vivo duranto i pranzo.

È dopo mangiato è bevuto tantissimo per abitudine e tradizione, si ballava fine a mezzanotte è alla fine cerano M sembre per usanza è tradizione antica spaghetti

AGLIO E MOGLIO PEPARMOLE
FURTE.
SOLAMENTO COSÍ ERANO
TUTTI CONTENTISSIMI É
MOLTO FELICI PER IL BEL
FINALE DELLA BELLISSIMA
FESTA.
È TUTTI SI ABRACIAVANO È
BACI È BACINI È BUONA NOTTE
A TUTTI È SOGNI DORI,
DOPO DI ALCUNI MESI PASSATI
FINALMENTO INIZIO A FARE I
PRIMI PASSI ED ERA ANCORA
PIÙ BELLO PER NOI.

CHE POTEVAMO GIOCARE
TUTTI È TRE INSIEME È
SPECIALMENTE NEL'ESTATE
POTEVAMO ANCHE ANDARE DOVE
LAVORAVANO I NOSTRI CARI

9

GENITORI A GUARDARE I LAVORI
E COME LAVORAVANO I
GENITORI IN CAMPAGNA. E IL
BAMBINO RIDEVO ERA CONTENTO
GIOCAVO CON I FIORILINI E CON
ALTRE PIANTE DI CAMPO,
ERA ANCHE MOLTO BELLO CHE
ERAVAMO CORSO TANTO CON
IL FRATELLINO.

COSI ERA MOLTO STANCO SI
ADORMENTAVO PIÙ PRESTO
E NOI POTEVAMO FARE ANCHE
L'ELEZIONE PER LA SCUOLA
E COME ANCHE I SERVIZI DI
CASA CHE QUANDO TORNAVANO
I NOTRI CARI GENITORI DALLA
CAMPAGNA CHE ERANO ANCHE
MOLTO STANCHI.
SI SA CHE I LAVORI DELLA

10

CAMPAGNA SONO MOLTO PESANTI, COSÌ ERANO CONTENTI QUANDO VEDEVANO CHE ERANO I SERVIZI DI CASA ERANO AL QUANDO GIÀ FATTO OH INIZIATO A FARLI.

CIOE GIÀ DATO DA MAGIARE I ANIMALETTI E A PULIRE LE STALLE DEI ANIMALI DEI CONIGLIETTI, PECORE, MAIALINI, LE MUCCHE, GALLINE, OCHE, TACCHINI, ECCEDA.

LA MAMMA PER PRIMO LA CENA PER IL BAMBINO E ANCHE PER TUTTI NOI. NEL TEMPO LAVEVAMO IL BAMBINO CHE PER USANZA E DOVERE MANGIAVO SEMBRE

11

PER PRIMO, E DOPO MANGIAVAMO NOI TUTTI CHE ERA ANCHE PIÙ TRANQUILLO DURANDO LA SERATA, E COSÌ ERA PER TUTTI I SANTISSIMI GIORNI, È ANNI È ANNI.

ALLA ETÀ DI CIRCA SETTE ANNI IL PRIMO GIORNO DI SCUOLA C'ERANO I GENITORI E I NONNI E ANCHE ALCUNI PARENTI PRESSENTI CON I CARTOCCI DI RAGALINI CON CIOCCOLATINE È COME ANCHE TANTI ALTRI BAMBINI E ALTRE PERSONE PRESENTI CURIOSAMENTO A GUARDARE.

I SCOLARI ERANO TUTTI

VESTITI IN DIVISA DI SCUOLA, BELLISSIMI A GUARDARE COME FOSSE UNA BELLA FESTA PAESANA, CHE POI È ANCHE UNA COSA PER TUTTI INDIRETTAMENTO INDIMENTICABILE NELLA VITA ETERNA.
SIA PER I BAMBINI E PER I GENITORI, E ANCHE UN PASSO IMPORTANTO NELLA VITA E NEL FUTURO PER TUTTI NOI.

E COSÌ PER TUTTE LE SANTISSIME MATTINE DI ALZARE SEMBRE PRESTO PER PREPARARE LA CARTELLA PER LA SCUOLA E A FARE COLAZIONE E DI LAVARE E VESTIRE SEMBRE PULITO,

13

E di mette la bella divisa che è anche oblicata per tutti i scolari.

A mezzogiorno si andavo a prendere il fratellino dalla scuola e andavamo tutti insiemo a casa nostra per pranzare tutti insieme che anche i nostri genitori erano al'orario di pranzo in casa.

E dopo prazato per usanza e abitudine si riposavo per un oretta tutti i giorni é dopo il riposino i genitori andavano a lavorare di nuovo in

IN CANPAGNA È NOI FACEVAMO
PER PRIMO I COMPITI DELLA
SCUOLA CHE CERANO ASSEGNATO
I MAESTRI DELLA SCOLA E IL
GIONO DOPO LI DOVEVAMO
CONSEGNARE AI MAESTRI DELLA
SCUOLA.
CHE VENIVANO DATO I PUNTI E
CORRETTI, E COSI ERANO TUTTI
SANTI GIORNI FINE ALLE
VACANZE SCOLASTICHE ESTIVE,
ERANO DA GIUGNO FINE A
SETTEMBRE.

È NELLE VACANZE ERAVAMO
TANTISSIMO CONTENTO CHE
POTEVAMO PIÙ DORMIRE E
GIOCARE PER TUTTA LA
GIORNATA OPURO ANDAVAMO
DAI NONI E COME ANCHE DAI

15

NOSTRE ZIE PER PASSARE IL BEL TEMPO, ISIEME.

ALLA FINE DELLA SETTIMANA SE IL TEMPO ERA BELLO E PERMETEVO DI ANDARE AL MARE, ERAVAMO MOLTO CONTENTO DI POTERE GIOCARE SULLA SABBIA E NEL MARE A NUOTARE E FACEVAMO ANCHE LA GARE CHI ARRIVAVO PER PRIMO ALLA SPIAGGIA ERA BELLISSIMA GIORNATA.

PURTROPPO SONO FINITO LE BELLE VACANZE, E STATO SEMBRE COSI, E COSI SARA NEL FUTURO ETERNO.

E ALLOR. E GIA SETTEMBRE
16

È DI NUOVAMENTO ALLA SCUOLA.
MA DA UNA BUONA PARTE ERAVAMO MOLTO CONTENTI DIVEDERE I ALTRI ALUNNI È AMICHETTE È AMICI DELLA SCUOLA CHE CERA MOLTISSIME DA RACCONDARE DELLE VACANZE.

TANTE NUOVE COSE È COME ERAVAMO, L'ORO PASSATO LE VACANZE, È DOVE ERANO STATO.
AL MARE AI LAGHI OPPURO IN MONTAGNA, CERTAMENTO ERAVAMO TUTTI CURIOSSI DI SAPERE È SENTIRE LE NOVITA DELLE VACANZE PASSATO ECCEDERA.
E COSI ERANO ANCHE INIZIATO

17

LE VECCHIE STORIE ALLA SANTA MATTINA SI ALZAVA DI NUOVO PRESTO DI FARE COLAZIONE E DI LAVARE BENE LE MANI DI VESTIRE PULITO CON LA DIVISA SCOLASTICA E DI ANDARE ALLA SCUOLA.

A MEZZO GIORNO AL USCITA DELLA SCUOLA PREDEVAMO I FRATELLINO E ANDAVAMO INSIEMO A CASA PER PRANZARE CHE ERANO ACHE GIA I GENITORI TORNATO DAL LAVORO DI CAMPAGNA.
DOPO MANGIATO ERA COME IL SOLIDO, SI RIPOSAVO PER UNA ORETTA CIRCA, E DOPO SI FACEVANO I COMPITI E I GENITORI

18

COME SEMBRE ANDAVANO
A LAVORARE NELLA BELLA
CAMAGNIA MEDITERRANIA
CON MILLE COLORI E PRFUMO
DI LI LA, PER NECISITA E
ANCH PER SOPRA A VIVERE
ECCEDERA.

ALLA ETÀ DI CIRCA DIE
DIECI ANNI ERA ARRIVATO
ANCHE IL TEMPO PER LA
PRIMA COMMINIONE E SI
DOVEVO PREPARARE PER
LA COMMINIONE COME
L'USANZE E PER ABITUTINE
DEL PAESO.
SI INVITAVO A TUTTI I
PARENTI E VICINI DI CASA E
COME ANCHE I AMICI PER
FESTEGIARE TUTTI INSIEMO

19

SI ANDAVO PRIMO IN CHIESA
È CERTAMENTO VESTITO
TUTTO IN BIANCO PER
TRADIZIONE, È
È DOPO LA CERIMONIA IN
CHIESA SI RITORNAVO TUTTI
A CASA DEI GENITORI CHE
ERA GIA TUTTO PREPARATO
IL GRANDO BANGETTO PER
MANGIARE È BERE E TUTTI
CONTENTI È FELICISSIMI.

ALLA FINE DEL PRANZO
CERTAMENTO PER USANZA
ANTICA È PER ABITUDINE
DEL PAESO, SI BALLAVO CON
IL CONCERTINO AL VIVO FINO
A TARDA ORA.
EL AL GIORNO DOPO SI
CERTAMENTO SI DOVEVO

20

ALZARE PRESTO PER PREPARARE LA ROBBA PER GLI ANIMALI E SI PULIVANO LE STALLE TUTTI INSIEMO E POIO.
LA MAMMA PREPARAVO LA COLAZIONE PER TUTTI NOI E ANCHE PER LA SCUOLA E QUANDO ERA PRONTO CI CHIAMAVO A TUTTI E DICEVA LA COLAZIONE È PRONTO E VENITO A MANGIARE.
E TUTTI A LAVARE BENE LE MANE, CHE DOPO CI DOVEVAMO VESTIRE E METTERE LA DIVISA DELLA SCUOLA CHE ERA OBLICATO.

COSÌ SI CONTINUO PER GIORNI, SETTIMANE, MESSI

È anni per anni fine
al primo giorno di continuar
cotinuare a studiare al
ginnasio.
Cioè era anche arrivato
il giorno della separazione
dei amici è amichette,
la via della scuola era
diversa lui prendevo un
altro autobusso per il
ginnassio che si trovavo
ad un atro paeso
lontano dalla sua casa
vivento.

È atri studenti andavano
ancora alla vecchia
scuola è così si potevano
in contrare tutti i
santissimi giorni alla

22

PIAZZA DEL AUTOBUSSO,
COME I ANNI PRECEDENTI
PER CHIACHERARE UN PO,
INSIEME.
È L'ORA DI PRANZO NON ERA
PIÙ ALLE DODICI MA SI ERA
SPOSTATO PER UN ORA PIÙ
TARDO PER CAUSO DELLA
SCUOLA NUOVA.

MA IL RESTO ERA LASCIATO
TUTTO COME PRIMA,
SI RIPOSAVO PER UNA
ORETTA È DOPO I GENITORI
ANDAVANO A LAVORARE IN
CAMAPAGNA,
È NOI STUDIAVAMO È DOPO
L'EZIONE POTEVAMO GIOCARE
INSIEMO OPPURO CON I ALTRI
BAMBINI DI VICINO DI CASA

23

CERTAMENDO SOLO QUANDO ERA POSSIBILE.
E DOPO FACEVAMO I LAVORI DI CASA CHE CI LASCIAVONO DETTO I NOSTRI GENITORI, DI DARE A MANGIARE È BERE I ANIMALI ERA MOLTO NECESSARIO DI NON FARE MANGARE NIENTE AI ANIMALI.

ALLA SERA QUANDO TORNAVO I GENITORI DAL LAVORO SI PULIVANO TUTTI INSIEMO LE STALLE È DAVAMO DA MANGIARE I ANIMALI DOPO CHE SI ERA FATTO TUTTO LE POLIZIE NELLE STALLE È SI CONTROLLAVO SE ERA TUTTO IN ORDINE.

ROCCO TARANTINO

DOPO DI FATTO TUTTI QUEI LAVORI, CI LAVAMO TUTTI LE MANI PER CENARE CHE ERA GIÀ TUTTO PREPARATO, CI SEDEVAMO TUTTI INSIEME A TAVOLA CHE ERA ANCHE MOLTO BELLO DI CENARE TUTTI INSIEME.

DOPO LA CENA CERTAMENDO CHE ERAVAMO QUASI TUTTI STANGI CHE LA GIORNATA ERA ANCH MOLTO LUNGA.

È COSÌ ERAVAMO ANCHE TUTTI CONTENTISSIMO DI POTERE A, ANDARE A RIPOSARE A LETTO.

ERA ANCHE ARRIVATO IL TEMPO CHE SI DOVEVO FARE

LA CRESIMA È SI INIZIO
COME IL SOLIDO A PREPARSE
PER LA CHIESA È ANCHE A
INVITARE GENTE, PER IL
GIORNO FISSATO DELLA CHIESA,

LA TRADIZIONE ANTICA
VUOLE COSÌ È ANCHE A
DITTARE È A OBLICARE CHE SI
CONTINUA COSÌ PER IL
CATTOLICISMO PER LA CHIESA
E COME PER LA MORALITA
DELLA SOCIETA UMANA È
ANCHE PER L'USANZA È
TRADIZIONE ANTICA DELLA
CHIESA CATTOLICA.
IL GIORO DELA CRESIMA
CERANO TANTI PARENTI È
E VICINI DI CASA È AMICI DEL
PAESO.

26

COME I SOLIDO LA CERIMONIA SI INIZO IN CHIESA È DOPO LA SANTA MESSA SI ANDAVA A CASA PER IL BANGETTO È SI RICEVANO I REGALI È ANCHE I AUGURI È COSI VIA.

DOPO IL BANGETTO A CANTARE BALLA È BERE FINO A TARDA ORA CERTAMENTO CON IL COCERINO AL VIVO, ALLA FINE NON DOVEVANO ASSOLUTAMENTO MANGARE LA BELLA SPAGETTATA CON AGLIO E MOGLIO E PEPARud FURT.
RER ANTICA USANZA È PER TRADIZIONE ITALIANA DEL BELLO MEDITERRANEO.
IL GIORNO DOPO SI INZIO COME SEMBE È OGNUNO A FARE IL

SUO LAVORO CIOÈ PER PRIMO
I LAVORI DI CASA E DEGLI
ANIMALI E DOPO DI AVERE
FATTO TUTTI I LAVORI,
A LAVERE BEN LE MANI A
FARE COLAZIONE E DI VESTIRE
È ANDARE ALLA SCUOLA E
I GENITORI ANDAVANO ANCHE
A LAVORARE LA CAMPAGNA.

E COSÌ ERA GIÀ ANCHE ARRIVATO
IL TEMPO PER DISCUTERE SE
DOVEVO CONTINUARE A
STUDIARE È A DOVE ANDARE
A STUDIARE.
È LA FINE DELLA STAGIONE
ERA GIÀ AL QUANDO FINITO
IL STUDIO DEL GINNASIO.

LA SUA PREFERENZA ERA

28

ROCCO TARANTINO

L'UNIVESITA CHE LUI SOGNAVO SEMBRE, E GIA SI SA CHE QUASI TUTTI I GENITORI DI QUESTO MONDO SOGNANO PER I LORO FIGLI DI DARE UN FUTURO MIGLORE, DEL MALE LORO PASSATO SENSA STUDIO E SENA DIPLOMO.

E COSI FINALMENTO DECISERO CHE LUI POTEVO ANDARE A STUDIARE AL' UNIVERSITA, ERANO TUTTI IN FAMIGLIA DACCORDO PER IL STUDIO, CHE SI SA GIA CHE IL STUDIO E LUNGO E ANCHE MOLTO COSTOSO.

AL MATTINO LUI DOVEVO PRENDERE UN AUTOBSSO

29

PRIMO PER POTERE TROVARE AL'ORARIO ESATTO DELLA SCUOLA È PER NON AVERE GIA PROBLEMI ALL'INZIO CON I PROFESSORI.
È COSI È PER ANNI È PER TANTI ANNI GRAZIE DIO IL STUDIO ANDAVO MOLTO BENE È ANCHE LA FAMIGLIA ERA MOLTO CONTENTA CHE LUI ERA MOLTO INTELIGENTO È RIUSCIVO A STUDIARE MOLTO BENE.

COME GIA SI SA CHE L'UNIVESITA È ANCHE MOLTO DURO E ANCHE INPEGNATIVO, E SOPRA A TUTTO CHE LUI CITENEVO MOLTO ALLO STUDIO È TANTE VOLTE STUDIAVO ANCHE FINE A MEZZANOTTE E LUI

ERA MOLTO CONTENTO QUANDO AVEVO TUTTE LE VOLTE I PUNTI DAI PROFESSORI E LUI SORRIDEVO CONTENTO E FELICE E DICEVO AI RAZAZZI DEL'UNIVERSITA E VEDETI I PUNTI CHE SONO AVUTO PER IL MIO IMPEGNO E PER IL TEMPO CHE CI METTO PER IL STUDIO, E ANCHE LA FAMIGLIA ERA CONTENTISSIMA E FELICE CHE IL FIGLIO ERA UNO DEI MIGLIORI DEL UNIVERSITÀ.

E ANCHE I PROFESSORI DEL UNIVERSITA ERANO MOLTO CONTENTI DI AVERE UN STUDENTO CHE ERA MOLTO BRAVO E INTELIGENTO E ANCHE PER L'UNIVERSITA E ALLA

FINE DEL STUDIO E ANCHE UN PRESTIGIO ALTO PER TUTTO I PROFESSORI.

CHE BELLO E FINAMENTO LE VACANZE DESIDERATE DELLE ESTATE PER AIUTARE ANCHE I GENITORI A LAVORARE IN CAMPAGNE CHE ERA ANCHE MOLTO NECESSARIA A QUEI TEMPI.

E QUANDO CERA UN PO DI TEPO LIBERO SI ANDAVO ANCHE AL MARE BLU MEDITERRANEO ANCHE PER PASSEGGIARE E PER PASSARE DELLE BELLISSIME GIORNATE ALLA SPIAGGIA E A NUOTARE A GIOCARE CON I RAGAZZI E CON LE

32

RAGAZZE, ALLA SERA SI CENAVA.

É ALLA TARDA SERA SI ANDAVA A BALLARE CERTAMENTO IN DISCOTECA TUTTI INSIEMO CON I AMICI É AMICHETTE E SOPRA A TUTTO IN DICSOTECA AL'APERTO NELLE PINETE CHE É ANCHE PIU BELLO É MOLTO PIU DIVERTENTO.

É GIA SIAMO ALLA FINE DEL' ESTATE, SI FANNO GIA LE PREPARAZIONE PER L'INIZIO DEL STUDIO AL'UNIVERSITA, E COME SI SA E ANCHE UN ANNO MOLTO INPEGNATIVO PER AVERE I PUNTI ALTI ALTI COME I ALTRI ANNI PASSATI.
PER NON FARE ANCHE BRUTTA

33

FIGURA SIA CON I PROFESSORI
E ANCHE CON I ATRI STUDENTI
DEL VECCHIO UNIVERSITA E
ANCHE DI FARE CONTENTI I
CARI GENITORI E I PARENTI
E DI AVERE UNO NELLA
FAMIGLIA MOLTO INTELIGENTO
E BELLO.

E ANCHE I GENITORI ERANO
CONTENTISSIMI E FELICE, E
DISSERO AL LORO FIGLIO CHE
ALLA FINE DELLO STUDIO
CE UNA BEL REGALO.

E IL FIGLIO CHIESO CHE REGALO
E, SI PUO' SAPERE GIA ADESSO,
NO. SENO NON E PIU UNA
SOPRESA PICCOLA SOPRESA.

IL GIORNO DOPO DEGLI ESAMI
CERA LA PROMESSA SOPRESA
IN UN GRADO PACCO DAVANDO
ALLA SUA CASA NATIVA ED
ERA CON IL NASTRO TRICOLORE
INPACCATO É UN FIOCCO ROSSO
E UNA BUSTA SUL PACCO.

SUL FOGLIO CERA SCRITTO
CARO FIGLIO TANTISSIMI AUGURI
PER IL BELLO DIPLOMO CHE
AI CON TANTO SUDORO PER
TUTTI GLI ANNI E PER IL LUNGO
STUDIO DURO E GRAZIE TUA
INTELIGENZA CHE CI AI MESSO
PER DIPLOMARTI.
INIZIO A SPACCOTARE IL
PACCO GRANDISSIMO CERTAMENT
CON TANTA ACCORTEZZA É
PIANO PIANINO ARRIVO

FINALMENTO CON TANTO
SUDORE É ACCORTEZZE ALLA
FINE.
IL REGALO IN TUTTO QUELLA
CARTA, CERA UNA FIAT
BLU E BELLISSIMA MACCHINA
È LUI ERA TANTO CONTENTO
È URLO DICENTO É DOPO LA
FIAT ARRIVERA.
LA FAMOSA ROSSA FERRARI.

È ABRCIO FORTO I SUOI DUE
GENITORI È DISSO MILLE
GRAZIE MILLE PER TUTTO
LA VOSTA GRANDE GENORISITA,
È PER LA BELLISSIMA VERA
SOPRESA È MILLE MILLE
GRAZIE BACI E BACCI A VOI
CARISSIMI.
E LUIO ERA TUTTO CONTENTO

36

ROCCO TARANTINO

ERA MOLTO CONTENTO QUANDO AVEVO TUTTE LE VOLTE I PUNTI DAI PROFESSORI E LUI SORRIDEVO CONTENTO E FELICE E DICEVO AI RAGAZZI DEL'UNIVERSITA E VEDETI I PUNTI CHE SONO AVUTO PER IL MIO IMPEGNO E PER IL TEMPO CHE CI METTO PER IL STUDIO, E ANCHE LA FAMIGLIA ERA CONTENTISSIMA E FELICE CHE IL FIGLIO ERA UNO DEI MIGLIORI DEL UNIVERSITA.

E ANCHE I PROFESSORI DEL UNIVERSITA ERANO MOLTO CONTENTI DI AVERE UN STUDENTO CHE ERA MOLTO BRAVO E INTELIGENTO E ANCHE PER L'UNIVERSITA E ALLA

ERA PER LA STADA
GUARDAVANO CON I OCCHI
GRANDI COME IL TORO LUCICANTE
E GELOSI.
CHE LORO NON AVEVANO
RICEVUTO UN REGALO COSI
GRANDO È BELLO, E DOPO DI
ALCUNI GIORNI CON LA BELLA
MACCHINA ANDO PER IL LUNGO
MARE ANCHE PER PASSEGIARE
E DI PASSARE ALCUNE BELLE
GIORNATE CON I AMICI E
CON LE AMICHETTE ALLA
SPIAGIA.
E ANCHE PER FARE VEDERE
CHE ERA STATO BRAVO
AL'UNIVERSITA E ANCHE
DIPLOMATO ED ERA AVUTO UN
BELLO REGALO DAI SUOI CARI
GENITORI.

3P

PER LUI ERA ANCHE MOLTO INPORTANTO È FELICE CHE ALLA FINE DELL'ESTATE AVEVO ANCHE GIÀ IL CONTRATTO DI LAVORO E NON MOLTO FACILE A QUEI TEMPI.

ALLORA LA LOTTA CONTINUA NEL FUTURO.
DOPO IL LUNGISSIMO STUDIO DELL'UNIVERSITÀ E DIPLOMATO E LAUREATO E ANCHE DI POSSEDERE LA GRANDE POSSIBILITÀ DI AVERE GIÀ I CONTRATTO DI LAVORO PRESSO UNA GRANDE AZIENDA E SPARSA PER TUTTA LA NAZIONE DELLA PENISOLA.

E GRAZIE A DIO DI ESSERE ANCHE COSÌ FORTUNATO DI

POTERE FARE ANCHE TANTE
BELLE SPERIENZE NEL FUTURO
CHE SERVE MOLTO AL'UOMO
PER TUTTO LA VITA ETERNA.

È IL PRIMO GIORNO DI LAVORO
FU ANCHE IL PRIMO SUDORE
PER IL DURO LAVORO,
È ALLORE PASSATO BELLO
DEL'INFANZIO,
E DEL BELLO ADULTO
GIOVENOTTO È PER ESSERE
UN VERO UOMO MOLTO DURO.

È COSÍ INIZIA LA VERA
LOTTA DEL'UOMO PER IL
RESTO DELLA SUA VERA
ETERNA.
DA COMBATTERE PER IL BELLO
È PER BRUTTO È CON LA

40

BUROGRAZIA E CORREZIONE
E LA MALAVITA E DI CORRERE
E SEMBRE CORRERE ANCHE
SE CI SARANNO OSTACOLI PER
LA LUNGA STRADA DEL SOLE,
E DI CONTINUARE SEMBRE NON
ARRENDERSI MAI E MAI,

IL PROVEBIO RACONDA
CHE LA LOTTA CONTINUA
NOTTE E GIORNI E QUESTO
FA PARTE DELLA VERA
VITA VERA DEL' UOMO,
DI LOTTARE FORTEMENTO
PER IL BENE E PER IL MALE,
PER LAVORARE IN UNA DITTA
GRANDE DI TUTTA LA PENISOLA
DOPO DI AVERE LAVORATO PER
MOLTI ANNI NELLA AZIENDA
E DI AVERSO SGOBATO PER

41   47

PER TANTISSIMO LAVORACCIO
E ORGANIZARE PER IL
MEGIO POSSIBILE SEMBRE
PER LA BRANDE AZIENDA
E DI ESSERE SEMBRE BENE
VOLUTO DAL DIRETTORE E DALLA
SOCIETA E CON I COLLEGI DI
LAVORO.
POSSIMENTO SI CERCAVO
SEMBRE DI FARE TUTTO IL
MEGIO POSSIBILE SIA PER ME
E ANCHE PER LA SOCIETA
CHE ERA SPARSA PER TUTTA
LA BELLA PENISOLA È
ALLA FINE DEL'ANNO CHE
LA CONTABILITA ERA
SEMBRE BRILANTE AL CAPO
DIRETTORE GENERALE,
AL LORO PARERE LA BILANCIA
DOVEVO ESSERE SEMBRE ALTA

42

PER NON ANDARE IN DEFICITO, E SE ACCADEREVO PER MOLTI ANNI ERA ANCHE MOLTO PERICOLOSO, DICEVO IL DIRETTORE SE PER LA MALISSIMA BILANCIA POTEVANO ANCHE I OPERAI ESSERE LICENZIATI.

E COSI SI CERCAVO SEMBRE COME IO DA CAPO OPERAIO DI ORGANIZARE TUTTO PER IL MEGLIO POSSIBILE, E DI ANDARE DACCORDO CON TUTTI, E CON IL DIRETORE E CON I OPERAI E SOPRATUTTO CON I CHIENTI DI FARE IL MEGLIO POSSIBILE CHE ERANO TUTTI CONTETISSIMI, PER NON FARLI ANDARE DAL DIRETTORE A RECLAME IN UFFICIO.

43

PUR TROPPO ANCHE PER
MOTIVO DELLA CRISA IN
GENERALE FÙ PE TUTTA LA
PENISOLA È PER LE ISOLE
TALIANE E ANCHI TUTTA
L'EUROPA.

E ACHE LA COLPA DELLA,
MALE GESTIONE È ORANIZAZIONE
DEL'AZIENDA CENTRALE,
DI NON AVERE MODERNIZATO
IN TEMPO PER TUTT LA PENISOLA
E ISOLE LA GRANDE ZIENDA,
E COSÌ PUR TROPPO FÙ CHIUSO
LA ZIENDA PER TUTTI GLI
OPERAI E COSÌ ERANO SENZA
LAVORO, DA UN GIONO AL'ATRO
CERTAMENTO ERA PER TUTTI
MALISSIMO DI ESSERE SENZA
LAVORO È DI ESSERE ANCHE

44

Disucupato é fu un malo momento è anche per le mamiglie dei operai di essere sensa mensile alla fine del messe.
Cerano anche problemi per vivere per la crisa genrale e mondiale,
e non sola regionale era anche europeo é mondiale.

E in fatto i operai eramo tutti senza lavoro e anche alcuni per diversi anni dissucupati oppuro per sembre fino alla pensione, così e in Italia specialmento nel sud é moltisso dificile a trovare il lavoro, come é anche oggi così.

45

DUEMILA ANNI DOPO CRISTO.

DISGRAZIATAMENTO OGGIO E E ANCORA I COSÍ COME I TEMPI ANTIGI, È ALLORA COSA FARE PER SOPRA A VIVERE NEL PROSSIMO FUTURO SU QUESTO MONDO BLU È BELLISSIMO PENSO IL BELLO GIOVANOTTO CHE ERA ANCHE LUIO GIA DISSUCUPATO, E PENSO DI FARE UNA BELLA RIUNONE PER CONSIGLIARE INSIEME ALLA FITAZATA, È I SUOI GENITORI.

E CON I SUOI GENITORI PADRE E MADRE DEL RAGAZZO, PER CONSIGLIARE COSA SI POTREBBE FARE PER IL LAVORO, DI ANDARE A LAVORARE

AL'ESTERO OPPURO DI
CERCARE UN LAVORO PROPIO
I PAESO NATIVO.
É COSA SI PUO CREARE PER
IL SANTO LAVORO DISSO IL
RAGAZZO A TUTTI I CARI CHE
ERANO PRESENTI.

E SI CISONO PROBLEMI DI SOLDI
MA C'ERANO ANCHE DISSARMONIA
FRA LE DUE FAMIGLIE CHE
NON VOLEVANO UFFICIALMETO
DEI DUE GIOVANI IL FIDANZA-
MENTO.
ERANO ANCHE CONTRO PER
IL MATREMONIO I GENTORI
DEL RAGAZZO PER IL
MATRIMONIO PER UN VECCHIO
MOTIVO DI FAMIGLIA,
E COSÌ ACHE TUTTE LE COSE

47

AVENNO ANUNCIARE OFFICIALMENTO IL FIDANZAMENTO ANCHE CHE I GENITORI DEL RAGAZZO NON ERANO ASSOLUTAMENTO D'ACCORDO PER MOTIVO VECHIO DI FAMIGLIA.
IL PROVERBIO DICE SE DUE SI AMANO CENTO NON POSSONO ASSOLUTAMENTO IN BEDIRE IL MATRIMONIO.

E COSI CI FU IL FITANZAMENTO E DISSERO I INVITATI CONTENTI LORO E CONTENTI ANCHE GLI ALTRI.
SE IL DESTINO E PROVISTO E COSI E COSI SIA IN NOME DI DIO È FELICITA PER LA COPPIA NEL FUTURO.
MA SCONTENTISSO LA FAMIGLIA

DEL BEL RAGAZZO.
MA PER NON FARE PROBLEMI
AL LORO CARO FIGLIO NELLA
SUA VITA E DI NON CREARE
LA VIA DIFICILE NELLA SUA
VITA.
IL FIDANZAMENTO VOLUTO
SOLO DAI DUE RAGAZZI
SENZA L'ACCORDO DEI LORO
GENITORI.

È COSI SI CERCO ALLA MEGLIO
MANIERA DI UN ACCORDO CON
LE BANCHE PER IL MUTUO
È PER IL CREDITO.
È DOPO PRESO L'ACCORDO SI
INIZIO SUBITO CON IL CANTIERO
PER IL GRADO CAPANNONE È
PER IL GRANDO PIAZZALE IN
CASO DELLA PROBALE ESPAZIONE

49

CHE CERA ANCHE LA POSSIBILITA
IN CASO DI MOLTA RICHIESTA
DI MERCIA CHE SI VENDEVA MOLTO
SI POTEVO ANCHE ORDINARE DI
PIÙ MERCIA PER ACONTENTARE
ANCHE A TUTTA LA CHLIENTELA.

E COSÌ SI RIUSCIVO ANCHE A
LAVORARE BENE PER TUTTI,
AL'INIZIO NON CERA ANCHE ALTRE
POSSIBILITA PER I CHLIENTI CHE
LE ATRE AZZIETE ERANO
ANCHE PIÙ LONTANO PER
ANDARE A COMPRARE LA
MERCIA CHE LI SERVIVO A I
CHLIENTI.
E COSÌ GIORNI PER GIORNI
SI SMERCIAVO TANTE MERCIA
MERAVIGLIOSAMENTO
E DOPO DI MOLTO TEMPO SÌ

50

CERCO DI CONSIGLIARE
CON LE DUE FAMIGLIE IN
SIEME ALLA SUA FIDANZATA.

PER POTERE INGRADIRE LA
SUA AZIENDA, CIOE DI
METTERE ANCHE UN PAIO
DI OPERAI E DI COMBRARE
ALTRI MEZZI UTILE PER
POTERE DARE ALLA CHLINTERA
PIU POSSIBILITA E DI POTERE
ORDINARE PIU MERCE SIA
PER TELEFONO PER TELEFAX
ECCEDERA.
COSI ALMENO ERANO TUTTI
D'ACCORDO SIA PER I NUOVI
MEZZI, CHE ERANO ANCHE
MOLTO UTILE PER POTERE
SERVIRE ANCHE MEGLIO I
CHLIETI CHE ERANO TANTO

51

E COSI CI FU DINUOVO
UN GRANDISSIMO TEATRO
E VARITA E ANCHE DEI
GRAVI PROBLEMI IN
FAMIGLIA CHE ASSOLUTO
NON VOLEVANO CHE SI
SPOSAVANO CON QUELLA
RAGAZZA VECCHIA
FIDANZATA.

I GENITORI DEL RAGAZZO
PENSAVANO CHE ERA SOLO
A PASSARE IL BEL TEMPO
E POIO SI LASCIAVANO E NON
MAI A UN SPOSALIZIO
FRA I DUE RAGAZZI.

PUR TROPPO ANCHE CON
TANTISSIMI GRIDI E
MINACCIE E DISCORDIA IN

FAMIGLIA E NON CI FU
NIENTE DA FARE PER
CONVICERE IL RAGAZZO,
CHE NON ERA LA DONNA
GIUSTA, PER LUI E NE
ANCHE PER LA SUA GRANDE
ZIENDA, E NE ANCHE PER
POTERE CREARE ANCHE
UNA FAMIGLIA PER IL
FUTURO.
PENSAVANO I GENITORI DEL
RAGAZZO E COME ANCHE
TUTTI I PARENTI E I AMICI
E VICINI DI CASA.

PUR TROPPO NON CI FU
PIU NIENTE DA FARE PER
CONVINCELO IL RAGAZZO
DI NON FARE SPOSARE LA
RAGAZZA FITANZATA

53

ATTUALE.
È DI PENSARE ASSOLUTAMENTO SOLO ALLA SUA ZIEDA PER IL MOMENTO. NELLA ZIENDA CE ANCORA MOLTISSIMO DA FARE PER I CHLIENTI DI METTERE TANTE COSE ANCORA IN ORDINE PER IL FUTURO.

È DOPO SI PUO PENSARE A UN MATRIMONIO È PER POTERE ANCHE A UNA BELLA FAMIGLIA, È ANCHE TUTTI I PARENTI LA PENSAVANO COSI COME I SUOI GENITORI DEL RAGAZZO.
E COME LE ALTRE GENTE DEL COMMERCIO.
RIPETO IL PROVERBIO ATICO

54

DICE CHE QUANDO DUE SI
AMANO CENTO PERSONE NON
POSSONO FARE NIENTE PER
INPEDIRE IL MATREMONIO.

I DUE RAGAZZI INNAMORATI
DISSERO NON FA NIENTE SE
NOI CI VOGLIAMO E CI SPOSIAMO
SENZA DI TUTTI LORO.
E COSI UN BEL GIORNO SI
DECISERO DI ANDARE AL
COMUNO DEL PAESO NATIVO
PER ANNUNCIARE IL MATRIMONIO
IL MATRIMONIO UFFICIALMENTO
E DI ANUCIARE ANCHE SULLA
GAZETTA.

E DI CHIEDERE ANCHE TUTTI
I DECOMENTI CHE SEVIVANO
PER IL MATRIMONIO E

55

FISSARONO ANCHE LA DATA
PER IL GIORNO DEL SPOSALIZIO
E PER PRENOTARE ANCHE IL
GRANDO RISTORANTE CHE
OCCOREVANO TANTISSIMI
POSTI.
CHE ERA QUASO IL PESO
INTERO PRESENTO IL GIORNO
DEL SPOSALIZIO É UNA
ANTICA USANZA NEL SUD
ITALIA, É ANCHE PER ONORE
É RISPETTO.
ERANO QUASI TUTTI
PRESENTI PER DARE I AUGURI
D ONORE AI SPOSI É COSI
FU UNA GRANDISSIMA FESTA
CON TELECAMERA E IL
CONCERTO AL VIVO É MUSICA
FINO AL MATTINO SI BALLAVO
CANTAVO É A RIDERE.

56

IL BANCHETO ERA GRANDISSIMO
CON TATA ROBBA DA MAGIARE
E DA BERE, CHE NON SI POTEVO
MANGIARE TUTTO.
NE ANCHE SE SI ERA STATO
PER TRE GIORNI PRIMO SENZA
MANGIARE CIOE DIGIUNO.

RIPILIGO.
NATURALMENTO LA APPUNTAMENO
ERA AL MATTINO PER TUTTI I
INFITATI DI ANDARE A
PRENDERE LA SPOSA IN CASA,
E UNA USANZA ANTCA E DEL
PAESO E ANCHE PER ONORARE
I SUOI GENTORI E LA SUA
FAMIGLIA.

CON LA SPOSA SI PARTIVO
DALLA SUA CASA E DEI

57

GENITORI TUTTI INSIEMO PER LA CHIESA E SI DAVANO I AUGURI TANTISSIMA FELICITÀ E BACI BACI E SI PENSAVO GIA AL FIGLIO MASCIO ECCEDERA.

DOPO LA GRANDE CERIMONIA SI USCIVO PIANO PIANO DALLA CHIESA PER RIUNI E PARTIRE TUTTI IN SIEMO ANCHE PER FARE SENTIRE TUTTA LA GENTE PER IL LUNGISSIMO CORSO DI MACCHINE E ANCHE PER FARE SCUILLARE LE TROMBE DELLE MACCHINE PER FARE A SENTIRE TUTTA LA GENTE CHE ERA GRADE FESTA PER IL SPOSALIZIA E ANCHE PER USANZA DEL PAESO FESTA E ALLEGRIA.

SPERANZA CHE I SPOSI
APRESSERO IL GRANDO
BANCHETTO AL PIÙ PRESTO
POSSIBILE.
CHE TUTTI AVEVAMO SETE
È ANCHE FAME, È COSÌ
DOPO DI ALCUNI MINUTI
CHE AVEVANO POTUTO
PRENDE POSTO.
EI SPOSI FINALMENTO I CARI
SPOSI ANNUCIARONO IL BEN
BENVENUTO A TUTTI I
PRESENTI ALLO SPOSALIZIO
È MILLE GRAZIE A TUTTI
PER LA GRANDE PARTICIPAZI-
ONE

È ORA UN GRANDO APLAUSO
È ALLEGRIA A TUTTI È
BUONO APPETITO È ALLA

59

É AVISARE CHE DA QUELLO
GIORNO CERA UNA NUOVA
COPPIA É UNA NUOVA
FAMIGLIA NEL PAESO NATIVO,
É ALLEGRIA É FELICITA.

MA' IL STOMAGO ERA VUOTO
E ANCHE ASSETATO, CHE CERA
UN GRANDO CALDO QUELLO
GIORNO E SI SUDAVO SPECIE
IN MACCHINA É PER QUESTO
SI CERCAVO DI ARRIVARE IL
PIÙ PRESTO POSSIBILE É
SI ERA ANCHE ARIVATO A
UNA ORA TARDA.
CERTO CHE ERAVAMO TUTTI
STANGI PER LA LUNGA
CERIMONIA,
É FINALMENTO SI ARRIVO E
TUTTI A SERE CON LA

60

SALUTA CON UN BRIDISO DI
SPUMANTE,
É VIA ANCHE CON LA SICA
MAESTRO CON IL VOSTRO
CONCERTO AL VIVO.
É TUTTI CONTENTISSIMI PER
SFAMARSI É DISSERDARSI.

É DOPO DI POTERE RACCONDARE
DELLE BELLE BARZELETTE
É FAVOLE ANTICHE É ANCHE
QUELLE MODERNE É ALLEGRIA
É TANTO SI SA CHE SI FÁ
PER ALLEGRIA É PER ABITUDINE
É ANCHE PER PASSA IL BEL
TEMPO CON LA GENTE E I
AMICI DELLA BELLA VECCHIA
COMPAGNIA É PARENTI.
CHE É ANCHE UNA BUONA
OCCASIONE DI POTERE

61

SALUTARE È PARLARE DEL
BEL PASATO È TANTE ALTRE
COSE DELLA BELLA VITA.

È SI SA CHE ANCHE NEI
TEMPI DI OGGI È LA
MAGIORANZA DEI PARENTI
È AMICI E CONOSCENTI DEL
PAESO NATIVO.
SONO LONTANO PER MOTIVO
DI LAVORO, OPPURO SONO
AL'ESTERO E PUR TROPPO
È UN DESTINO.

E COSÌ È STATA LA VITA
SEMBRE, È COSÌ NON DEVERE
ESSERCI PIÙ, SU QUESTO
PIANETO BLU È PURO
BELLISSIMO, DI ANDARE A
LAVORARE LONTANO DAL PAESO.

62

SOLO DA TURISTO PER CONOSCERE LA GENTE È CULTURA FAUNA È FIORI DEI ALTRI PAESI NEL MONDO CHE VIVIAMO, MA NON A LAVORARE DA SCIAVO, ECCEDERA.

E COSI DOPO DI AVERE MANGIATO È BEVUTO TATISSIMO SI ERA ANCHE ARRIVATO DI ALZARE PER FARE LA FAMOSE FOTO CON TUTTI CHE ERANO PRESSENTI CIERTO PER RICORDO È PER POTERLE GUARDARE IN TANTO IN TANTO LE FOTO È IL FILMINO AI PARENTI E AI AMICI CHE NON ERANO PRESENTO A QUELLO GIORNO DEL MATRIMONIO, È ANCHE AI FIGLI E NIPOTINI NEL FUTURO.

TUTTO QUELLA ROBA CHE SI ERA MANGIATO E BEVUTO.

ANCHE PER MOLTI IVITATI ERA UNA BUONA OCCASIONE A BALLARE PER FARE CONOSCENZA CON LE PESONE PER I APPUNTAMENTI CON I AMICI E AMICHETTE PER SCANBIARE I NUMERI DI TELEFONINO PER FARE CONOSCENZA.

PER MOTIVO DI LAVORO OH PER IL STUDIO ERANO QUASI TUTTI MOLTO LONTANO OPPURO AL'ESTERO, PURTROPPO NEI PICCOLI PAESI É COSI, ci SONO POCO POSSIBILITA DI INCOTRARE CON LE ALTRE PERSONE STANE.

64

CHE COSA È ALLORA.
È DOPO DI TUTTE QUESTE
BELLISSIME COSE.

È VIA CON LA BELLA MUSICA
AL VIVO PER -LLARE SI APRE
SE BRE IL PRIMO BALLO PER
USANZA SOLO AI SPOSI E COSI
SI LANCIO IL PRIMO BALLO
PER I FRECHI POSI CON UN
GRANDISSIMO PLAMSO E CON
ALTA VOCE DICENTO BACI E
BACI È VIVA AI SPOSI.
SI ANNUNCIO IL BALLO È
APERTO PER TUTTI.

È VIA TUTTI IN SALA A
BALLARE A DIVERTIRE CHE
ERA ANCHE ERA ANCHE
BUONO PER ANCHE DIGERIRE

65

ANCORA PIENA, SI ASPETAVO
ANCHE PER CHIUDERE LA
CERIMONIA.
È PER IL FINALE A SALUTARE
ANCHE AI RIMANENTI DEL
MATRIMONIO, E DI NUOVO
ARRIVEDERCI BACI BACI CIAO
CIAO È FIGLIO MASCIO È
BELLISSIMO VIAGGIO DI NOZZE
È BUON DIVERTIMENTO E
TANTA FELICITA.

ERANO GIA OLTRE LE TRE DEL
MATTINO QUANDO PARTIRONO
PER IL VIAGGIO DI NOZZE
CON LA BELLA MACCHINA
CON TANTI BARATTOLI A PESO
DIETRO LA LORO MACCHINA.

TUTTI APLAUDEVANO

66

COSÍ DOPO DI TANTO BELLO DIVERTIMENTO É GIOIA É FELICITÁ DELLA BELLISSIMA SERATA SI ERA ARRIVATO ANCHE A UNA TARDISSIMA ORA ERAVAMO STANGI.

MA C'ERA ANCORA UNA BELLA SOPRESA DA SERVIRE A TAVOLA, CHE NON POTEVO MANGARE, É ERA NATURALMENTE UNA GRANDE SPGHETTATA A AGLIO É MOGLIO É PEPARUOLE FURTE,
É PER ANTICA USANZA É TRADIZIONALE PAESANA CHE TUTTI ASPETAVANO ALLA FINE DELLA CEREMONIA É DELLA BELLA FESTA.
MA ANCHE SE LA PANCIA ERA

67

FORTEMENTO È SORRIDEVANO E BUON RITORNO DICEVANO TUTTI I INVITATI DOPO DI TUTTO QUELLO BELLISSIMO DIVERTIMENTO.

STANCO È SONNO PERSO MA SI DEVE ANDARE A LAVORARE PER DORMIRE È RIPOSARE NON CERA MOLTO TEMPO PIÙ.
È ALLORA TANCO OH NON STACO, MA SI DOVEVO ANCHE PRESENTARE SUL LAVORO PER NON AVERE PROBLEMI CON LA DITTA.
È DOPO DI QUATTRO SETTIMANE RITORNARONO I FELICI SPOSINI DAL VIAGGIO DI NOZZE,
DEL BELLISSIMO TEMPO CHE

ERNO PASSATO, É TUTTI
CURIOSAMENTO ASPETAVANO
LA SOPRESA DAI FRESCI
SPOSI.
NO NON SI SA DOBIAMO PRIMO
DAL DOTTORE PER I ANALISI.

É ALCUNI GIORNI DOPO I
RISULTATI DEI ANALISI
ERANO OTTIMI PER L'ORO
FRESCI SPOSI.
E PER TUTTI IN FAMIGLIA
ERANO CONTENTI É FELICE
PER LA SOPRESA DESIDERATA

É DOPO DI NOVE MESI
NAQUE UNA BAMBINA
BELLISSIMA É SANA DI SALUTE,
TUTTI CONTENTI FELICE E
ALLEGRIA FESTA IN FAMIGLIA.

69

È DI NON ARRENDERE MAI È MAI PER TUTTA LA VITA.
É CERA MOLTA GIOIA IN FAMIGLIA E PER LA ZIENDA CHE ANDAVO MOLTO BENE È CRESCEVA BENE ANNI PER ANNI SI INGRADIVA.

PER SACRIFICI SI DOVEVANO ALZARE ALLA MATTINA PIÙ PRESTO, E A LAVORARE FINO A TARDA SERA È DELLE VOLTE PER FINO ALLA ORE VENDIDUE SPESSO ER: QUASO MEZZANOTTE QUANDO SI ANDAVO A LETTO, ERA TUTTO PER LA ZIENDA E PER I CARI CHIENTI È SI CERCAVO DI ACCONDENDARE IL MEGLIO POSSIBILE.

SI ERA ANCHE ARRIVATO
70

IL PADRE DEL RAGAZZO
DISSO ALLORA COME VEDI LA
VITA DEL BEL PASSATO DA
RAGAZZO E ADESSO DA
UOMO ADULTO E ANCHE DI
ESSERE PADRE.

E DEVI PENSARE ANCHE
ALLA TUA ZIENDA CHE DEVE
FUNZIONARE BENE E DI
ACCONDENTARE COME DIO
COMANDA A TUTTI I TUOI
CHLIENTI.
MA ANCHE CHE ADESSO
SIETE IN TRE PERSONE IN
FAMIGLIA.
E NON E PIU COME PRIMO
DI SPOSARE, IL PROVERBIO
DICE LA LOTTA CONTINUA
PIU FORTE DI PRIMO.

71

AL TEMPO PER IL BATTESIMO
LA PICCOLA BAMBINA ERA DI
POCO SETTIMANE NATA PER
RISPETTARE LE REGOLE DELLA
CHIESA.
É CERTAMENDO DINOVO A
FESTEGIARE É ANCHE PER
USANZA É SPECIE NEL SUD
D'ITALIA É NEL MEDITERANEO
DI INVITARE I PARENTI É
AMICI E VICINI DI CASA.
COME IL SOLIDO SI PENSA
A MANGIARE BERE E A
BALLARE CON LA MUSICA
AL VIVO É FESTA ALLEGRIA
FELICITÀ.

É SI ANCHE QUESTO FA
PARTE DELLA BELLA VITA
DI QUESTO PIANETO BLU

72

È PURO BELLISSIMO, È ALLA
MATTINA IL GIORNO DOPO
ERANO TUTTI STANGI PER
LA FESTA DEL GIORNO DEL
ANDI PRIMO.

È I CHLIENTI ALLE ORE SEI
DEL MATTINO ERANO GIA
DAVANTO AL MAGAZINO PER
COMBRARE LA MERCIA CHE
LI SERVIVO.
MA STANGO OH NON STANGO
E SEMPRE CORAGGIO E ANCHE
ALLEGRIA DI APRIRE SUBITO
IL MAGAZINO PER SERVIRE
I CHLIENTI È DI SCUSARE PER
RITARDO DELLA APERTURA
DEL NEGOZIO.

CHE AIERI ABBIAMO LA MIA

73

PICCOLA FIGLIA DOMANDARONO
I CHLIENTI SE ERA STATO UNA
BELLA FESTA.
SI È STATO MOLTO BELLO
RISPOSO IL PADRE, PROPIETARIO
DEL MAGAZINO.
E I CHLIENTI DISSERO
NO FA NIENTE, SU QUESTE
COSE NON CE DA SCUSARE
PER NIENTE.
SONO COSE CHE FANNO PARTE
DELLA VITA E TANTI AUGURI
E SALUTE PER LA BAMBINA
E A VOI TUTTI IN FAMIGLIA.

E IL PROSSIMO CI VUOLE
UN MASCIETTO VI SERVE PER
PORTARE LA VOSTRA AZII
AVANDO NEL FUTURO.
IL CAPO CI PENSO E DISSO:

74

NEL MOMENTO È DISSO GRAZIE
MILLE É BUONGIORNO È
BUONA GIORNATA É BUON
LAVORO A TUTTI VOI CARI.

COSÌ DOPO DI QUELA PICCOLA
CHIACHERADA, SI CONTINUO
A LAVORARE PER GIORNI E
NOTTE COME DIO COMANDA,
CERTO SEMBRE PE LA ZIENDA,
ERANO MOLTO CONTENTI IN
FAMIGLIA, IL COMMERCIO CHE
ANDAVO TUTTO BENE.

UN ANNO DOPO LA MOGLIE
ANDO DAL DOTTORE PER UNA
VISITA VORMALE E PER ANCHE
I ANALISI.
IL DOTTORE CHIESO PER
CUROISITA ALLA PAZIETE

75

SARA ANCHE MOLTO CONTENTO
IL MIO MARITINO,
GRAZIE DOTTORE GRAZIE È
BUONA GIORNATA È SUBITO
RITORNO A CASA È DISSO AL
MARITO.
SAI CARISSIMO SEI PER LA
SECONDA VOLTA PADRE,
È BUONO UNA COPPIA DI BIMBI
PER NOI VA BENE COSÌ.
ALLORA PENZA DI METTERE
LA TESTA A POSTO, È COME
ANCHE DI METTERE IL PENSIERO
CHE IN POCHI MESI SIAMO
IN QUATRO PERSONE È CI
VUOLE ANCHE DI PIÙ
RISPONSABILITA, CHE TU NON CE
LAI CARA PER NATURA.

È DI LAVORARE ANCORA DI PIÙ

76

SCUSA COME SI SENTE LEI,
LA PAZIENTA DISSO BE PER
CHE DOTTORE, NENTE SOLO
COSÌ, LE ANALISI SONO PRONTO
IN TRE GIORNI.
PUO VENIRE A PRENTERLI
I RISULTATI SI VA BENE
DOTTORE.

TRE GIORNI DOPO DISSO IL
DOTTORE, DISSO I ANALISI SONO
BENE MA CE UNA SOPRESA,
CHE COSA È CHIESO LA
PAZIENTA, È SI SEI DINUOVA
IN ATTESA È SAI CHE È IL
SECONDO BAMBINO.
LA PAZIENTA DISSO È CHE
BELLISSIMA COSA, È SONO
CONTENTISSIMA PER QUESTA
BELLA SOPRESA.

77

PER OTTENERE PIÙ CHLIENTI E PER PIÙ INCASSO CARA MIA, E CHE DOBBIAMO ANCHE INGRANDIRE LA NOSTRA CASA CHE CI ERVE PIÙ POSTO PER' NOI TUTTI E ANCHE I GENITORI DICONO VEDETE DI INIZIARE PIÙ PRESTO POSSIBILE A COSTRUIRE CHE VI SERVE PIÙ SPAZIO PER LA FAMIGLIA CHE CRESCE.

SI CERTO CARI GENITORI E... SI INIZIO NELLA ZONA È PER IL PAESO A FARE PIÙ PUBLICITA A PASSA VOCE ATRAVERSI I PARENTI E AMICI CHE PER ALMENO CERANO LE SPERANZE CHE DOPO DI UN PO DI TEMPO CHE CERA UN AUMENTO.

78

DELLA CHLIENTELA E TUTTI
ERANO CONTENTI CHE PER
LA BELLA PUBLICITA SI ERA
RIUSCITO A VENDERE PIU
MERCIA.
È GRAZIE A DIO, CHE ANDAVO
MOLTO BENE IL BEL LAVORO
È CERCARE DI SERVIRE COME
SEMBRE I CHLIENTI.
SI SA CHE I CHLIENTI SONO
RE DEL COMMERCIO.

E ALLA DISSO IL CAPO È CIVUOLE
ANCHE QUALCHE OPERAIO
ADATTO PER LAVORARE BENE
CHE LASCINO I CHLIENTI
TUTTI PIU CONTENTI.
ECCEDERA

È CERTO CHE DOPO DI NOVE

MESI NAQUE IL BAMBINO DESITERATO È ERA ANCHE UN MASCIETTO BELLO.
PER IL FUTURO

POSSIBILMENTO CHE ERA UN AIUTO NEL FUTURO UTILE PER LA ZIENDA PENSO IL PADRE È PATRONE, DICE ANCHE IL PROVEBIO ANTICO.

È LA ZIENDA ZIENDA ESPANDEVA GIORNALMENTO, È GRAZIE ALLA BELLA PUBLICITA CHE ERA STATO FATTO, E ANCHE PER IL BELLO SERVIZIO È DELLA GRANDE GENEROSSITA VERSO LA CHLIENTELA E TUTTO PESEGUIVO BENE È BELLO.

80

È COSÌ ERA ACHE ARRIVATO
IL BATTESIMO CHE SAREBBO
IL SECONDO FIGLIO, ERA CHE
IL SECONDO BATTESIMO.

È BISOGNAVO A FARE ANCHE
COME IL PRIMO BATESSIMO
DISSO LA MAMMA DEL BAMBINO
È COME IL SOLIDO DI IVITARE
TUTTI I PARENTI E AMICI
VICINI DI CASA, PER RISPETTO
E TRADIZIONE ANTICA,

COSÌ FU COME IL SOLIDO
PER PRIMO SI ANDAVO TUTTI
INSIEMO ALLA CHIESA.
È DOPO LA CERIMONIA DELLA
CHIESA TUTTI ALLA CASA
A MANGIARE È BERE ALLA
GRANDE E CERTO CON LA BELLA

MUSICA AL VIVO FILMINO E
FOTO CERTAMENDO PER RICORDO
E USANZA DEL PAESO.
E FU BELLISSIMO IL BATTESIMO
PER TUTTI UN GRANDO
DIVERTIMENTO.

È COSI COME SEMBRE È
FINITO LA BELLA FESTA PER
TUTTI.
E DOMANI DI NUOVO COME
SEMBRE STANGA CHE SI ERO
SI DOVEVO FARE LA PRESNZA
SUL LAVORO, È ANCHE SE CERA
POCA VOLONTA E FORZA.
I CHLIENTI ERANO GIA COME
SEMBRE DAVANTE IL NEGOZIO
PER LA SPESA CHE LI SERVEVA
PER TUTTI I GIORNI.

P2

L'UOMO LA DOLCE VITA BRUCIATA

È SI QUESTA È LA VITA
MODERNA NEI TEMPI DI OGGI.
SI È CI VUOLE UNA SANTA
PAZIENZA PER IL COMMERCIO
PER POTERE ANDARE
AVANTE È PER ACCONTENTARE
A TUTTI I SANTI CHLIENTI
È A DIRE SEMBRE A TUTTI
BUONGIORNO E SALVE È COME
SI VA DI SALUTE,
CON TANTISSIMA GENTILEZZA
È CON IL SORRISO SULLE
LABRE È CON I OCCHI
APERTO.

È SOPRA A TUTTO DI NON
MAI DIMENTICARE MAI NIENTE
È CON MOLTO CORAGIO.
È GIORNI PER GIORNI LA
LOTTA CONTINUA CON TUTTA

83

FAMIGLIA. È SENZA PROBLEMI IN CASA, SI E QUELLO CHE SI SPERA SEMBRE.
SOPRA A TUTTO CHE IL NEGOZIO ANDAVO BENE E I CHLIENTI CHE ERANO TUTTI CONTENTI PER IL BEL SERVIZIO NEL NEGOZIO.

IN CASA ERA QUELLO CHE SI CERCAVO SEMBRE DISSO IL BOSSO.
DI NON AVERE PROBLEMI CON I OPERAI È NE ANCHE CON I CARI CHIENTI È CON LA FABRICA PER LA MERCIA DI ESSE SEMBRE SUFICIENTE IN MAGAZINO ANCHE PER POTERE TUTTI I CHLIENTI.

84

L'UOMO LA DOLCE VITA BRUCIATA

LAVORO FA PARTE DELLA VITA ME MA NON È SOLO FESTA,

DI CANTARE BALLARE È BELLA MUSICA È DIVERTIMENTO. ALLA MATTINA DEL GIORNO SEGUENTO, SI DEVE ANDARE A LAVORARE, DI APRIRE IL NEGOZIO COSI SOLO SI POSSONO GUADAGNARE I SOLDI PER VIVERE BENE È PER IL VIZIO CHE NOI QUASI TUTTI CHE NOI ABIAMO, SU QUESTO PIANETO. ALLORA LA LOTTA CONTINUA QUASI INVOLENTO PER TUTTI NOI, INTANTO CERANO LE RIUNIONE IN FAMIGLIA PER LA ZIENDA PER VEDERE ANCHE LA BILANCIA DEL COMMERCIO

85

Così come sembre occhio
al magazino di controlare
la mercia.
Per ordinare sembre in tempo
la nuova mercia.
E cosi erano tutti i santi
giorni anche fine alle ore
ventitre nel negozio,
si era molto stango è a
mezzanotte si andavo a
letto per riposare.

Anche se erano pochissime
ore per potere dormire
abastanza.
Il proverbio dice.
Che il letto e una rosa,
se non dormi ma si riposa.

E cosi erano quasi tutti

DI FARE VACCINAZIONE E LE
ANALISI DILLO AL DOTTORE CHE
CONTROLLA ANCHE SUL
LIBRETTO DEI BAMBINI QUALE
VACCINE SI DEBONO FARE
ANCORA.
DISSO IL DOTTORE, SENTA
SENTA SIGRORA TATO CHE LEI
QUI FATELE ANCHE VOI I
ANALI CHE È SEBRE BENE
UN CONTROLLO PERSONALE.
RISPOSA LEI, SI CERTO BENE
FACCIAMELO.
LO SAI CHE DOPO DI TRE
GIORNI I ANALISI SONO PRONTI,
E I RISULTATI SIA PER LEI
COME ANCHE PER I SUOI BIMBI,
NON DIMENTICARE DI SALUTARE
IL VOSTRO CARO MARITO CHE È
UN GRANDO LAVORATORE E

87

I SANTI GIORNI, IN GRAZIE DI DIO, SI FA PER DOVERE È QUODITIANAMENTO PER LA FAMIGLIA.

È ANCHE PERSONALMENTO È TUTTO BELLO CONTENTO E FELICE CHE SONO COSE ELEMENTARE NELLA VITA DEL UOMO.

E SI CONTINUA SEMBRE COME IL SOLIDO. OCCHIO ALLA ZIENDA È SUI I OPERAI È SPECIALMENTO SUI I CHLIENTI CHE SIANO TUTTI CONTENTI È ANCHE DI ESSERE BENE SERVITI.

IL BOSSO UN BEL GIORNO SAI CARA AMORE DISSO, I BAMBINI È ANCHE NECESSARIO

88

ANCHE MOLTO CORRETTO SÌ
CERTO DOTTORE, SÌ CERTAMENTO
E ARRIVEDERCI DOTTORE SÌ
ARRIVERDERCI.
DOPO DI CIRCA TRE GIORNI
ANDO A PRENDERE I RISULTATI,
SÌ SONO PRONTI PER I BIMBI
TUTTI BENI SIGNORA E ANCHE
I SUOI.
MA CE UNA SOPRESA PER
LEI È DI POCHI GIORNI IN
ATTESA, E AUGURI CHE
TUTTO VA BENE PER LA
GRAVITANZA.
SÌ SONO MOLTO CONTENTA
E FELICE DOTTORE, E CHE
BELLISSIMA GIORNATA PER
ME, ARRIVO VELOCE A CASA
SUA PER AVISARE SUBITO IL
SUO CARO POVERO MARIT

89

MARITINO, SAI CHE SONO
INCINTA DI POCHI GIORNI A
DETTO IL DOTTORE
CARISSIMO AMORE GRANDE.

IL BOSSO MORMORANDO
DISSO, E SI ADESSO QUESTO
NON CI VOLEVO PROPIO.
E ADESSO CE DI LAVORARE
ANCHE MOLTO DI PIÙ.
E COME ANCHE TU, IN CASA
E NEL NEGOZIO TU LO SEI
IL TUO AIUTINO SERVE E
ANCHE LA TUA PRESENZA
E NECESARIO PER I CHLIENTI.

SENTI AVVISI TU AI NOSTRI
GENITORI E NON TI LO DIMENTICA,
E ANCHE I GENITORI LASCIARONO
MALE PER LA SOPRESA E COSÌ

90

SUBITO PERCHE UN ALTRO BIMBO NON ERA MEGLIO DI ASPETTARE ANCORA PER ALCUNI ANNI PER ALMENO CHE FOSSERO PIU GRANDICELLI I ALTRI DUE BAMBINI.

LEI RISPOSA SORRIDENTA MA E RICAPITATO COSI, NON SO COME SI MA ADESSO BISOGNA FARE ATENZIONE CHE LE COSE NON DIVENTERANNO PIU DIFICELE PER TUTTI NOI.
RISPOSA LEI CON LA VOCE ALTA MA VA CHE COSA SUCCEDERA.

MA SFI CHE CI SONO TANTE FAMIGLIE NUMEROSE NEL MONDO E ANDRA ANCHE BENE PER NOI ECCEDERA.

91

È COSÌ VIA CON LE CHIACHERE,
CERTO DOPO DI NOVE MESI
NAQUE IL TERZO BAMBINO
UN BEL MASCIETTO E PER
TUTTE DUE NON CI FURONO
DURANDO LA NASCITA SENZA
PROBLEMI, E GRAZIO A DIO.

UNA SETTIMA DOPO DELLA
NASITA, RIENTRARONO DALLA
CHLINICA A CASA L'ORO.
CERTO CHE TUTTI CURIOSI
ASPETTAVANO PER VEDERE
IL FRATELLINO COSÌ PICCOLO
NELLA CULLA, E DISSO LA
MAMMA AI DUE BAMBINI PIÙ
GRANDICELLI, E COSÌ ERAVATE
ACHE VOI COSÌ PICCOLI E
CON LA STESA PICCOLA
CULLA VI ABBIAMO PORTATO

92

A CASA IN SIEMO A VOSTRO PADRE.

È NATURALMENTO ERANO ANCHE TUTTI CONTENTI IN FAMIGLIA DI VEDERE IL NEO NATO È COME ANCHE I PARENTI AMICI È VICINI DI CASA È DAVANO TANTI AUGURI È FORTUNA È FELICITÀ NEL FUTURO.

È DI FARE ATEZIONE PER I ALTRI DUE BELLI BAMBINI, È SI PENSAVO COME IL SOLIDO DI ANDARE AVANDO PER IL MEGLIO POSSIBILE CON LA FAMIGLIA.
È CON LA ZIENDA CHE SI ANDAVO FORTUNATAMENTO BENE.

93

IL BATTESIMO DOPO DI ALCUNI
GIORNI E FU ANCHE COSI
PER IL TERZO FIGLIO.
CI FU ANCHE UN GRANDO
BANGETTO.
CON TANTI INVITATI PARENTI
AMICI E VICINI DI CASA PER
FARE ANCHE BELLA FIGURA.
DOVEVO ESSE COME IL BATTESIMO
DEI ALTRI DUE BAMBINI CERTO
CON FOTO E FILMINO E BELLA
MUSICA AL VIVO.
E SEMBRE FESTA E FESTA
ALLA GRANDE PER ABITUDINA
ANTICA E PER USANZA, DEL
PAESO.
E VIVA ALLA DOLCE VITA
TIPICA ITALIANA DEL
MEDITERRANEO BELLA CHE E.
MA PUR TROPPO ANCHE IL

LAVORO FA PARTE DELLA VITA ME
MA NON È SOLO FESTA,

DI CANTARE BALLARE È BELLA MUSICA È DIVERTIMENTO.
ALLA MATTINA DEL GIORNO SEGUENTO, SI DEVE ANDARE A LAVORARE, DI APRIRE IL NEGOZIO COSI SOLO SI POSSONO GUADAGNARE I SOLDI PER VIVERE BENE È PER IL VIZIO CHE NOI QUASI, TUTTI CHE NOI ABIAMO, SU QUESTO PIANETO.
ALLORA LA LOTTA CONTINUA QUASI INVOLENTO PER TUTTI NOI, INTANTO CERANO LE RIUNIONE IN FAMIGLIA PER LA ZIENDA PER VEDERE ANCHE LA BILANCIA DEL COMMERCIO

95

COME ERA E ANCHE SE CERANO QUALCHE COSA DI MIGLIORARE, OH DELLE RIPARATURE.
PER LA CASA E ANCHE PER LA ZIENDA ECCEDERA.

COSI SI PRENDEVONO DELLE DECISIONE CHE COSA SI VOVEVO FARE PER PRIMO, E COSI ERANO TUTTI CONTENTI DI ESSE STATO PRESENTO E DI DECIDERE TUTTI INSIEME PER I PROGETTI IN VISTO, E COSI ERA. ANCHE PIÙ BELLO.

LA DECISIONA CHE FU PRESO ERA DI INGRANDIRE IL PIAZZALE DA VANDO LA ZIENDA PER I GRADI CAMION CHE POTAVANO

LA MERCIA, È ANCHE PER
QUELLI CHE LA VENIVANO A
PRENDE LA MERCIA.
È PER TUTTI I CHLIENTI, È
CHE SERVINO ANCHE A NOI
PER LA CASA PRIVATO IL
PARCHEGIO.

TUTTI CONTENTI PER LA BELLA
DECISIONE PRESA CHE ERA
UNA COSA MOLTO UTILE PER
TUTTI.
È DURANDO IL LAVORO INCORSO
ERA DAL'INGIGNIERO GARANTITO
CHE IL NEGOZIO DURANDO IL
LAVORO IN CORSO.
PER LA COSTRUZIONE SI
POTEVO TRANQUILO TENERE
IL MAGAZINO APERTO, E A
SERVIRE A TUTTI I CHLIENTI.

97

COME SEMBRE SENZA NESUNO PROBLEMI, E TUTTI CONTENTI.

IL BOSSO É ANCHE LA SUA FAMIGLIA, E I CHLIENTI CHE NON DOVEVANO ANDARE PER LA SPESA DAI ALTRI MAGAZINI CHE ERANO ANCHE LONTANO DALLE LORE CASE.
É MOLTO SCOMODO PER TUTTI I CHLIENTI.

TUTTO ANDAVO BENE IL LAVORO É ANCHE IN FAMI É COME ANCHE I ALTRI AFFARI SI PRESENTAVANO NORMALMENDO BENE, TUTTI CONTENTI CHE NON CERANO PROBLEMI NELLA ZIENDA.

98

L'UOMO LA DOLCE VITA BRUCIATA

È IL TEMPO VOLAVO VELOCE
VOLAVO É PASSARONO ANCHE
ALCUNI MESI, É COSI AVENNO
ANCHE CHE LA MOGLIE.
DEL BOSSO.
FORSE SONO INCINTA, DISSO AL
MARITO MI SENTO UN PO CURIOSA
E STANGISSIMA CHE NON SIA
QUALCHE ALTRA COSA NON
BUONA.
É UN PO STRANO, SPERO CHE
NON SARA NIENTE DI MALO CHE
NEL MOMENTO CI ABBIAMO MOLTO
LAVORO IN CORSO PER IL
PIAZZALE É TANTI LAVORI
PREVISTI.

PENSO CHE É MEGLIO CHE
VADO SUBITO DAL DOTTRE
PER ESSERE PIÙ SICURO CHE

NON SIA NIENTE DI MALE È SI VADO DOMANI,
È TERO ANCHE I DOCUMENTI AL RAGGIONIERO È ANCHE TUTTA QUESTA POSTA CHE IERI MI LA SONO ANCHE DIMENTICATO DI MANDARLA VIA PER IL RAGAZZO CHE, IERI È ANDATO IN PAESO.

SI VA BENE COSI RISPOSO IL BOSSO.
È COME IL SOLIDO DI FARE LE ANALISI PER TE È PER I BAMBINI, È ALL'ORA DISSO IL DOTTORE IN TRE GIORNI PUOI VENIRE A PRENDERE I RISULTATI DELLE ANALISI PER TUTTI VOI, VA BENE ARRIVEDERCI È BUON GIORNO DOTTORE.

100

ALCUNI GIORNI DOPO DOTTORE
TUTTO BENE SI, E LEI SIGNORA
ANCHE BENE SI GRAZIE MILLE.
LE ANALISI PER I BAMBINI
TUTTO NOMALI MA PER LE È
COME IL SOLIDO CHE QUANDO
VIENE LEI PE ANALISI DA
ME, SEI SEMBRE IN GRAVITANZA

È PER QUESTO NON SONO PER
ME PIÙ GRANDE SOPRESE.
LA IMPORTANZA È CHE LEI
STA BENE DI SALUTE.
È CHE VUOLE TANTISSIMI
BAMBINI È CONTENTA LEI È
FELICE PER IL RESTO DEL
MONDO VA TUTTO BENE.

ALLORA SIGNORA TANTI
AUGURI È SALUTA È BUONA

101

BUONA PER VOI DUE CARI.
SALUTI A SUO MARITO E
BUONA GIORNATA,
SI GRAGIE E ANCHE A LEI
DOTTORE.
PER LA STRADA PENSAVA A
CASA E CHE DIRANNO TUTTI
IN FAMIGLA, E ANCHE TUTTI
PARENTI, CHE ADESSO E IN
ARRIVO IL QUARTO BAMBINO,
E COME SI LA PREDERA IL
MIO MARITINO CHE GIA
SIAMO IN CINQUE PERSONE
IN FAMIGLIA.

E LA CASA E ANCHE PICCOLA
PER NOI TUTTI.
E SI BENE OH MALE, ORMAI E
ANDATO PUR TROPPO E ANDATO
COSI.

ROCCO TARANTINO

È GIA È ANCHE TARDO PER ANCHE PRENDERE PROVEDIMENTI, PENSAVA LEI DURANDO CHE GUIDAVA LA MACCHINA CHE TORNAVA VERSO LA SUA CASA.

IL BOSSO DOMANDO SORRIDENTO SIETE TORNATO COSI SUBITO DAL BEL PAESO.
COME SONO I RISULTATI DELLE ANALISI, PER I BAMBINI TUTTI BENI.
È PERTE CARA MOGLIE DOMANDO IL SUO MARITINO TI VEDO UN PO NERVOSA È ANCHE MOLTO PALLIDO DI FACCIA, ÈSI SONO IN MOMENTO COSI NERVOSA, È PERCHE NON SO TU COME LA PRENDIRAI QUESTA VOLTA LA NOTIZIA.

103

SAI CHE SONO DI ALCUNE
SETTIMANE IN CINTA.
NON PENSAVO PROPIO CHE
VENISSO GIA ADESSO IL QUARTO
FIGLIO.
E NON TI ARRABIARE MOLTO
TI PREGO AMORETINO CARO MIO,
CREDIMI CHE DIO CI LA MANDA
BENE, E ANCHE TANTA
FELICTA A TUTTI NOI IN
FAMIGLIA.

IO NON PENSO PROPIO CHE
SARA COSI COME TU DICI
CARA, SAI ORMAI E ANCHE
GIA MOLTO TARDO PER VIETARE
LA GRAVITANZA DISSO IL
BOSSO TI LO DETTO SEMBRE
DI FARE ATTENZIONE MA
NO SI FA MAI E MAI PIÙ

MA ADESSO CHE COSA DICANO
TUTTI I NOSTRI CARI GENITORI
CHE GIA SIAMO MOLTI IN
FAMIGLIA E CHE ANCHE LA
CASA.
È PICCOLA PER TUTTI NOI.
È PARENTI AMICI E VICINI
DI CASA, CHE COSA DIRANNO
DI MALE PAROLACCIE. ECCEDERA.
CHE SIAMO GIA UNA FAMIGLIA
NUMEROSA E NEI TEMPI DI
OGGI NON È ASSOLUTAMENTO
NORMALE DI QUESTA ALTA
DOLCE VITA MODERNA.

E ADESSO ANCHE IL QUARTO
BAMBINO IN ATTESA
SENZALTRO SENTIREMO DELLE
BRUTTE GRAVE MINACCIE E
ANCHE TEATRO E VARIETA.

105

MA ADESSO CHE COSA DICANO TUTTI I NOSTRI CARI GENITORI CHE GIA SIAMO MOLTI IN FAMIGLIA E CHE ANCHE LA CASA.
E PICCOLA PER TUTTI NOI.
E PARENTI AMICI E VICINI DI CASA, CHE COSA DIRANNO DI MALE PAROLACCIE. ECCEDERA CHE SIAMO GIA UNA FAMIGLIA NUMEROSA E NEI TEMPI DI OGGI NON È ASSOLUTAMENTO NORMALE DI QUESTA ALTA DOLCE VITA MODERNA.

E ADESSO ANCHE IL QUARTO BAMBINO IN ATTESA SENZALTRO SENTIREMO DELLE BRUTTE GRAVE MINACCIE E ANCHE TEATRO E VARIETA.

106

DALLA FAMIGLIA NOSTRA
CHE CI ANNO ANCHE MOLTA
RAGIONE SECONDO ME DISSO
I BOSSO.
CARA MIA E ALLORA CHE COSA
DOBIAMO FARE ADESSO.

DISSO IL GRANDO BOSSO
ALLA SUA CARA MOGLIETINA
E LEI RISPOSE CON LA SUA
RISATINA SULLE LABRE.
COSI E SI E SI DOBIAMO
LAVORARE ANCORA DI PIÙ
PER COPRIRE LE SPESE PER
LE ALTRE COSE CHE SARANNO
POSSIBILE PER OTERE
ACCONTENTARE A TUTTA
LA FAMIGLIA NOSTRA.

SE TU LA PENSI COSI

107

PER ME VA BENE RISPOSO
IL BOSSO.
DA DOMA IN POI DI FARE
ANCHE MOLTO DI PIÙ
ATENZIONE SU TUTTE LE
ALTRE COS CHE SARANNO
POSSIBILE CARA MIA.

È CERTAMENTO SI FARA UNA
RIUNIONE CON I DUE GENTORI
È CON I OPERAI È IL
COMMERCIALISTO, È COSÌ
SI VEDE ANCHE LA BILANCIA
COME È.
IL RAGIONIERO DISSO TUTTO
A POSTO È BENE LA BILANCIA.

COSÌ SI DECISERO NELLA
RIUNONE DI INGRANDIRE IL
NEGOZIO È DI ESPANDIRE IL

108

ANCHE NELLE REGIONE VICINE PER POTERE ANCHE AUMENTARE LA VENDITA DELLA MERCIA. CHE ERANO ANCHE UNO DEI PODOTTI BUONISSIMI E ANCHE MOLTO CONOSCIUTO AL'ESTERO.

DOPO LA RIUNIONE ERANO TUTTI STATO D'ACCORDO PER LA BUONA IDEA PER ESPANDERE NELLE ALTRE REGIONE COVINANTE, E SI DOVEVO AVERE ANCHE PER PRIMO IL PERMESSO LA LICENZI DALLA FABRICA PER I PRODOTTI. PER POTERLI VENDERE NELLE ALTRE REGIONE, E ANCHE DI POTERE RICEVERE MOLTA DI PIÙ MERCIA PER POTERE SERVIRE ANCHE I ALTRI

109

nuovi chlienti di avere già contratato con la fabrica.
È per i prodotti di potere espandare nelle altre regione vicine, fù proprio un bellissimo accordo sia per vendere i lori prodotti è come anche per un aiuto della parte tecnica e anche logiticamento.

Cosi si firmo il contratto per regola di legge.
È tutti contenti in fabrica è in famiglia del grando detto il bosso.
Che la loro zieda poteva crescere di più è potevo anche dare lavoro alla

110

ANCHE ALLA GENTE DEL
PAESO NATIVO.
DI DARE ANCHE UN BELLO
ESENBIO PER FARE ANCHE
CREARE I LAVORI.
SPECIALMENTO NEL SUD'ITALIA.

I LAVORI, CE NE SONO BEN
POCO E ANCHE QUESTO È UNO
BELLISSIMO ESEMPIO PER TUTTA
LA ZONA E IL PAESO E NAZIONE,
CHE TUTTO ANDAVO BENE E
ANCHE IL NUOVO AQUISATORE
ERA MOLTO CONTENTO DEL
LAVORO.
È PER LA NUOVA CHLIENTELA
PER IL BUONO COMPORTAMENTO
DELLA DITTA NUOVA, È PER I
NUOVI CHLIENTI CHE VENIVANO
TUTTI SERVITI SUBITO.

111

E i prodotti erano molto buoni e anche la fabrica era contento per la massa che si smerciava molto di più di quando si era pensato di anti prima, e tutto funzionavo bene anche in famiglia erano contenti del bel commercio. Avevano deciso tutti insieme.

Pur troppo siamo anche alla nascita del quarto bambino ed erno tutti preoccupato per la nascita del bambino che tutto andavo bene, cioè senza comblicazione. Al mattino nacque il bambino il bambino disso il dottore

È SANO É SALVO DI SALUTE
ANCHE LA MAMMA STA BENE
DI SALUTE.
GRAZIE A DIO DISSERO IN
FAMIGLIA CHE TUTTO ERA
ANDATO BENE PER LA NASCITA
DEL MASCIETTO.
IL GIORNO DOPO DELLA VISITA
DISSO IL DOTTORE VEDIAMO
SE PUOIO ANDARE CON IL
PICCOLO BAMBINO A CASA
SUA SIGNORA.

SUBITO TELEFONO A CASA È
DISSO, MI POTETE VENIRE A
PRENDERE.
IL MARITO RISPOSO SI VENGO
IO A PRENDERVI A VOI DUE
CARI CIAO CIAO BACI BACI È
A DOMANI.

113

IMPROVISAMENTO CI FU AL'
ALBA UN TERREMOTO ERA
ABASTANTEMENTO FORTO,
È DOVETTERO TUTTI USCIRE
VELOCEMENTO FUORI CON
I LORO NEO NATI PER SOPRA
A TUTTE LE MACERIE È
GRIDAVANO FORTEMENTO
CHE COSA È.
AIUTO GRIDANDO È I NEO NATI
PIANCEVONO È STRILAVANO È
NON SI CAPIVO ASSOLUTAMENTO
PIU NIENTE.

ANCHE SENZA LUCE ELETRICA
PER LE SCOSSE SISMICHE SI
NERA ANDATO VIA, LA CORRENTE
COSI DOVEVAMO CORRERE VIA
NEL BUIO È CON TANTISSIMA
PAURA A DOSSO È LA

PROVIDENZA CIVILE DICEVO
VENITO IN PIAZZA, CHE NON
VI CADERANNO PIÙ I SASSI
A DOSSO A VOI.
NON È TANTO PERICOLOSO
E SI GUARDAVANO UNO CON
L'ALTRO È ANCHE PER LA
GRADISSIMA PAURA.
NON SENTIVAMO NE ANCHE I
DOLORI DELLE FERITE AI
PIEDI E SULLE ALTRE PARTE
DEL NOSTRO CORPO A SANGUE
CALDO.

GRAZIE A DIO CHE QUASI
TUTTI ERANO SALVE NELLA
NOSTRA ZONA NATIVA.
NEI ALTRI LUOGI CI FURONO
ANCHE MOLTI FERITI E TANTI
MORTI, PER IL TERREMOTO

115

MOLTISSIME COSE CADUTE È
DISSABILITATE.
DOPO DI TUTTO QUELLO GRAVE
DISASTROSO TERREMOTO LA
PROVIDENZA CIVILE È COME
LA CROCE ROSSA CI DIETERO
LE MEDICINE PER TUTI I BIMBI
È ANCHE PER MAMME È
ANCHE PER LE FERITE PIÙ
GRAVE.

DOPO DI MOLTE ORE
ARRIVARONO ANCHE I NOSTRI
CARI PARENTI A PRENDERCI
CHE NON AVEVANO POTUTO
ARRIVARE PIÙ PRESTO CHE
ERANO QUASE TUTTE LE
STRADE È I PONTI ERANO
CADUTI È NON ERANO PIÙ
PASSABILE PER I ATOMOBILE.

116

DOVEVANO ANDARE PER LE
ALTRE VIE CHE ERANO APERTO
AL TRAFICO.
E DI AVERE ANCHE MOTA
PAZIEZA PER QUESTO IN
PROVISO GRADO DISASTROSO
TERREMOTO,
DISSO LA POLIZIA STRADALE.

BENO MALE CHE SIAMO
ANCORA VIVO DISSO IL GRANDO
BOSSO LE PICCOLE FERITE
GUARIRANNO PRESTO DOPO DI
MOLTE ORE PASSATE ARRIVANO
ANCHE I ALTRI CARI PARENTI
DICEVANO E TUTTO BENE
SIETI SANI E SALVE.
SI CHE BELLO A VEDERVI BACI
BACI E ABRACCI E TANTISSIMI
AUGURI PER IL BEL BIMBO.

117

DOPO DI TUTTO QUESTO FURONO
ANCHE I GIORNO RICORDATIVO
PER LA NOSTRA VITA ETERNA
CARA MOGLIE MIA, DISSO IL
SUO MARITO DETTO
IL GRANDO BOSSO E TUTTI I
PARENTI E AMICI E VICINI DI
CASA PER SALUTARE I DUE
POVERI CHE SI ERANO PER
MIRACOLO SALVATO DAL
GRANDO TERREMOTO.

CERTO CHE TUTTI CURIOSI
ASPETAVANO, DAVANTO ALLA
CASA DEL DETTO IL BOSSO.
È DOPO TUTTO LA PROCEDURA
DEL INCONTRO È DI AVERSE
ASSICURATO CHE SI POTEVO
VIAGARE IN MACCHINE PER
POTERE TORNARE SICURO

CASA LORO, CERTAMENTO SI
PUO DISSO IL DOTTORE È
COME ANCHE LA POLIZIA
STRADALE È I CARABINIERI
ATENZIONE DI SEGUIRE
LUNGO LA STRADA È I ORDINI
DEI CARABINIERI È DELLA
PROVIDENZA CIVILE.

SI CERTAMENTO NOI TUTTI
VOGLIAMO ARRIVARE A CASA
NOSTRA IN GRAZIE DI DIO
CHE SONO ANCHE CIRCA
CINQUATA KILOMETRI PER
ARRIVARE A CASA NOSTRA.

PIANO È PIANO PER LE VIE
INTERNO CHE ERANO ACHE
PASSABILE È PIU SICURE
PER ARRIVARE A CASA BENE.

119

MA LA MALA SOPRESA CERA.
DISSERO I GENITORI PADERNO
LA CASA PUR TROPPO E STATO
DI CHIARATO DISSABILITABILE
DALLA PROVIDENZA CIVILE.

E PER ADESSO DOBIAMO
ARANCIARE DI ABITARE FUORI
E VEDI CHE ABIAMO INIZIATO
A LAVORARE PER METTERE
LA TENTA GRANDE.
E POIO SI VETRA QUANDO
POSSIAMO, DI NUOVO A CASA
NOSTRA PROPIA ABITARE.

GIA DELLE MIE SPERIEZE CHE
HO FATTO NEI MIEI ANNI PASSATI
SE NE PASSERANNO ALCUNI
MESI CHE LE SCOSSE SISMICHE,
CHE SI FERMERANNO.

120

DI ASPETARE COSA DICONO I INGIGNIERI CHE CI DANNO IL PERMESSO PER POTERE ABITARE IN CASA NOSTRA VERA DISSO IL PADRE.

SI SARA PROPIO COSI CARO PADRE RISPOSO IL FIGLIO DETTO IL GRANDO BOSSO E DOBBIAMO ADARTARCI COSI CHE SONO COSE NATURALE.
E PER FORTUNA IL NUOVO NEGOZIO E BUON E SANO CHE NON E STATO DICHIARATO PERICOLOSO.
PER AMENO POSSIAMO ANCHE LAVORARE DISSO IL DETTO IL GRANDO BOSSO.
E DOPO DI TUTTO QUELLA GRANDE PAURA E TINTISSIME

121

ORE PER LE STRADE PERSE
PER ANDARE A PRENDERE I
DUE NOSTRI CARI.
MENOMALE CHE POSSIAMO APRIRE
IL NEGOZIO PER I CHLIENTI E
DOBIAMO STARE ANCHE ATENTI
PER LE SCOSSE SISMICHE NUOVE
E DI LASCIARE SEMBRE TUTTE
LE FINESTRE E LE PORTE
APERTO.

E IN CASO DI SISME NUOVE
DI CORRERE SEMBRE TUTTI
FUORI E SENZA PANICO MI
RACOMANDO CARI.
MI AVETO TUTTI CAPITO E
OCCHIO SEMBRE APERTO E LE
ORECCHIO ALTA, CHE LE SCOSSE
SISMICHE ARRIVANO SEMBRE
AL'INBROVISO.

122

Dopo di dato a tutti le istruzione di comportamento sul lavoro finalmento si inzio a lavorare al quando bene nel negozio.

É anche la tenta era gia messo tutto a posto, con la cucina è i letti per otto persone, che eravamo per i giorni e notte al freddo e geli si abitava nella grande tenda è senza riscaldamenti.

Le scosse sismiche si verificavano sembre di meno per circa tre mesi dopo delle notte è giorni

AL MENO SEMBRE DI PIÙ SI
INIZIARONO A CALMARSI LE
SCOSSE SISMICHE.
È COSÌ FU CHE UN BEL GIORNO
NON SI SENTIVANO PIÙ DI
NIENTE DELLE SISME.

DISSO IL PADRE DEL DETTO IL
GRANDO BOSSO.
ADESSO POSSIAMO ANCHE A
INIZIARE A RIPARE LA NOSTRA
CASA CHE NON È MOLTO
DANNEGIATA È PUO VENIRE
ANCHE IL GEOMETRO A
GUARDARE, SE SI PUO FARE
È POIO CE ANCHE L'IVERNO
ALLE PORTE.
È ARRIVERA ANCHE LA
BELLA NEVA BIANCA E GELI
È FREDDO NELLA TENTA.

124

AL TELEFONO DISSO L'INGIGNIERO ERTO VENGO A VEDERE È PENSO CHE SI PUO FARE.
SI È TUTTO BUONO È SANO LE MURE.
DI FARE TUTTO QUESTI LAVORI, COME VI DICO IO È QUANDO SIATE FINITO VENGO A VERIRIFICARE SE STATO FATTO TUTTO PERFETTO POTETO ENTRARE ABITARE COME ERA PRIMO.
DISSO IL INGIGNIERO SI CERTO RISPOSO, IL DETTO GRANDO BOSSO.
SI GRAZIE VA BENE CI VEDIAMO È BUON GIORNO A TUTT.
SI GRAZIE MILLE È ANCHE A LEI È TANTISSIMI SALUT IN FAMIGLIA SUA.

125

DOP DI ALCUNE SETTIMANE
ERANO TUTTI I LAVORI NELLA
CASA TERREMOTATO.
ERANO ANCHE FATTO TUTTE
LE POLIZIE NELLA CASA.
L'INGIGNIERO DISSO SI È BELLO
IL LAVORO È STATO FATTO TUTTO
BELLISSIMO È PERFETTO È PULITO
È FUNZIONA TUTTO.

È ANCHE AMMESSO DI ENTRARE
ABITARE NELLA CASA VOSTRA
PADERNA.
FINALMENTO DISSERO LE DONNE
SI RITORNERA A TUTTO COME
ERA PRIMO.
NELLA TENTA STAVAMO MOLTO
SCOMODO È ERA ANCHE UMIDO
È FREDDO. SPECIE PER I
BAMBINI ERAVAMO PREOCUPATO

126

CHE NON PRENDEVONO QUACHE
INFLUENZA BRONCHITA OH
POLM NITA TUTTI ERANO
CONTENTISSIMI DEL BELLO
RITORMO IN CASA VERA.
SPECIE I PICCOLI BAMBINI.

E COSI FU ANCHE VELOCEMENTO
SGOMBRATO LA GRANDE TENTA.
CHE TUTTI I BAMBINI NON
VOGLIA PIÙ VEDERLA QUELLA
BRUTTA TENTACCIA.
E TUTTA LA GENTA DOMANDAVANO
AL PADRE PATRONE CHE ERA
IL PROPIO PADE DEL DETTO
IL GRANDO BOSSO.
COME RIUSCIVATE A VIVERE
PER MOLTO TEMPO IN QUELLA
TENTA DEL GENERO.

SI SA CHE I BAMBINI SONO CERTO
MOLTO CURIOSI ANCHE PER
NATURA E VOGLIONO POSSIBILE
QUASO TUTTO SAPERE LA
STORI DEL' UOMO.
E ANCHE QUELLO DEL
PIANETO, CHE DA MILIONI DI
ANNI CHE NOI VIVIAMO.

DOPO DI ALCUNI MESI VISSUTI
NELLA GRANDE TETACCIA COME
I BAMBINI CHE GIA AVEVANO
FATTO MA SPERIENZA NELLA
GRANDE TENTA AL'ESTATE ERA
MOLTO CALDO E NEL' INFERNO
ERA FREDDO E UMIDO E MOLTO
STRETTO SCOMODO E PENSO.
SUBITO AI VERI NOMADI.
PENSARONO DI DOMANDARE
AL LORO NONNO CHE SAREBBO

IL PADRE DEL DETTO IL GRANDO BOSSO.
I BAMBINI SAI TU NONO COME RIESCONO I NOMADI PER SEMBRE A VIVERE NELLE TENTE UNA VOLTA VIVONO A UNA PARTE E POIO VANNO A UNA ALTRA PARTE CON TUTTA LA LORO FAMIGLIA E ANCHE I ANIMALI A VIVERE PER TUTTO LA LORA VITA ETERNA.

IL NONO CERCO ALLA MEGLIA MANIERA DI FARE CAPIRE I SUOI NIPOTI.
SI È PER USANZA ANTICA E ANCHE LA LORA VITA E COSÌ STATO PER GENERAZIONE E COSÌ FA PARTE DELLA LORO CULTURA E ANCHE

PER I PROBLEMI DEL' AQUA
È CLIMA E VEGITAZIONE PER
I LORI ANIMALETTI CHE
SERVIRA PER SOPRA A
VIVERE COSI È PER TUTTI
NOI CHE ABITIAMO SU QUESTO
PIANETO.
CHE È PURO BLU È ACHE
BELLISSIMO CARI NIPOTI È
SOLO DOVE NOI NASCIAMO CI
DOVEMO ASSOLUTAMENTO
ADECUARE NEI LUOGI CHE NOI
ABITIAMO SU QUESTO PIANETO.

SAPETO CHE È BLU E PURO
BELLISSIMO CARI NIPOTINI DA
NOI CI SONO LE SISMICHE E DA
ATRE PARTE CI SONO ALTRI
PROBLEMI ATMOSFERICHE,
È COSI E PURTROPPO È DA

130

TUTTE LE PARTE SU QUESTO
BELLISSIMO MONDO.
È ASSOLUTAMENDO DA
RISPETTARE TUTTO LE REGOLE
DELLA NATURA.
PENSO CHE AVETO CAPITO CARI
PICCOLI NIPOTI, E QUANDO
SIETE PIÙ GRANDICELLI E
ANDATO ALLA SQUOLA I MAESTRI
VI POSSONO SPIEGARE DI PIÙ
D LLA STORIA SCIENZA E FISICA.

ADESSO SIETE ANCORA PICCOLI
NON SI PUO RIUSCIRE A CAPIRE
TANTISSIM: COSE E TUTTO IN
UNA VOLTA, CARISSIMI NIPOTI.
PER ADESSO PENSO CHE VA
BENE COSI.
CE IL PROVERBIO CHE RACONDA
FINCHE NON SIMMORE SI

131

SI IMPARERA SEMBRE
QUALCHE COSE NUOVE ANNI E PER ANNI.
COSI È STATO È COSI CERTO SARA ANCHE NEL FUTURO.
CARISSIMI NIPOTI.
È SEMBRE CON OCCHIO APERTO CARI. DOPO DI TUTTO QUESTI RACCONDI DI STORIA È ANCHE TRAGEDIE CHE SUCCEDONO NELLA VITA DEL' UOMO SU QUESTO PIANETO BLU.

BISOGNA A TORNARE QUODITIANAMENTO ANCHE A LAVORARE CHE LE SPESE PESANO ANCHE DI PIÙ DI PRIMO, PER IL FATTO DEL GRAND TERREMOTO SONO ANCHE AUMENTATO TANTISSIMO..
132

CHE PER ALCUNI GIORNI NON SI POTEVO LALORARE PER CAUSO DELLE SCOSSE SISMICHE E DELLE STRADE CHE ERANO ANCHE CHIUSE.

E NON CERA LA MERCIA NEL MAGAZINO, E ANCHE LE FRABRICHE PER IL TERRM.TO ERANO BLOCCTO, E NON POTEVANO PORTARE LA MERCIA CHE LE STRADE ERANO CHIUSO AL TRAFICO PER CAUSO DEL GRADO TERREMOTO.
CHE ERA ANCHE PER LA LORO FABRICA UN RISCHIO DI MANDARE IL CAMION E OPERAI NELLE ZONE TERREMOTATO.
E COSI ERA ANCHE MALE PER I ANIMALI.

133

È NON CERA PIÙ FUFICINTA ROBBA CIOE MANCIMI PER GOVERNARE TUTTI I ANIMALI NELLE STALLE.

PUR TROPPO ERANO OBLICATO A DARE SOLO UN PO DI ROBBA AL GIORNO.

CHE DOVEVO A BASTARE FINE ALLA PROSSIMA NUOVA MERCIA CHE ARRIVAVO, PER POTERE TORNARE ALLA NOMALITA COME PRIMO DEL GRANDO TERREMOTO.

GLI ANIMALI SALTAVANO È STRILLAVONO CERTO CHE AVEVANO ANCORA FAME MA I ANIMALI CERTAMENTO NON CAPIVANO DEI DISASTRI CHE CERANO STATO PER CAUSO DEL TERREMOTO.

È SI NE PASSARONO ALCUNI
GIORNI È COSÌ SI NORMALIZO
QUASO TUTTO CON L'AIUTO DELLA
POLIZIA STRADALE È DAVANO
LA PREFERENZA AI VEICOLI DI
TRASPORTO PER I VIVERI È
MEDICINE È ALLA CROCE ROSSA
PER IL PRONTO SOCCORSO
PER POTERE ACCONTENTARE
LA GENTE.

È DICEVANO QUASI TUTTA LA
GENTA, ADESSO È ORA DI
ZARE LE MANCHE DELLE
CAMICE, È DI LAVORARE ANCHE
FORTEMENTO COME PRIMO PER
TOGLIERE TUTTO QUESTA
BRUTTA MACERIA CHE CE.
È DI FARE TUTTO AL QUANDO
POSSIBILE DI ESSERE TUTTO

135

COME ERA PRIMO DEL GRANDO
TERREMOTO.
E COSI GIORNI E PER GIORNI
SI LAVORAVO ALLA GRANDE.
TUTTO ANDAVO BENISSIMO E
SENZA GRANDE PROBLEMI.

DETTO IL GRANDO BOSSO UN
BEL GIORNO DISSO GUARDATE
UN PO COME LAVORONO TUTTI
CON UNA GRANDISSIMA
GRINDA CHE DA MOLTO TEMPO
FÀ NON SI VERIFICAVO PIÙ
RISPOSA LA MOGLIE.
SI DAVERO CHE DA MOLTO
TEMPO NON SI VEDEVO PIÙ.
SI CERTAMENTO CHE NON
AVEVANO DI PIÙ BISOGNO.
SAI CARO CHE QUASI TUTTI
AVEVANO GIÀ FABRICATO LE

L'ORE CASETTE E ANCHE DELLE ALTRE COSE PIÙ NCESSARIO PER VIVERE NEL L'ORO PAESO NATIVO. DISSO LA MOGLIE DEL DETTO IL GRANDO BOSSO.

E COSÌ SI LA SPASAVANO TUTTI I SANTISSIMI GIORNI IN PIAZZA E AL BAR PER IL BUON CAFE FAMOSO E CAUSUALMENTO CONOSCIUTO NEL NOSTRO MONDO É ANCHE PER ABITUDINE ITALIANA E MEDITERRANEO.

É ANCHE PER IL DETTO GRANDO BOSSO.
ANDAVO QUASO TUTTO NORMALE SI LAVORAVO BENE PER METTERE ANCHE LA CASA A POSTO E COME TANTE ALTRE

137

COSE PIÙ NECESSARIO DAL TERREMOTO CHE FURONO STATO DANNEGIATO.
CHE ERANO ANCHE NECESSARIO I LAVORI PER POTERE RISTORARE LA CASA, È LA ZIENDA CHE ERA PER NORMA DI LEGGE.
DOVO ESSERE SEMBRE TUTTO IN ORDINE È PULITO.
CERTAMENTO ALLORA CERANO PER CAUSO DEL TERREMOTO POCHISSIMI SOLDI PER POTERE FARE TUTTO UNA VOLTA I LAVORI È SI FACEVANO UN PO ALLA VOLTA I LAVORI.

È FINALMENTO FINITO COME ERA DETTO L'INGIGNIERO I LAVORI IN CORSO.

138

DISSERO IN FAMIGLIA MENOMALE
CHE DOPO DI TANTISSIME PAURA
A CORRERE PER CAUSO DEL
TERREMOTO PER SOPRA ALLE
MACERIE È PER IL MAL TEMPO
È LE STRADE CHE ERANO
DIFORMATE.

CI SIAMO RIUSCITO ANCHE A
FARE TUTTO AL QUANDO BENE
POSSIBILE.
È GRAZIE A DIO SIGNORE E
CON LA SUA GENEROSITA
ABIAMO FATTO TUTTO IL
MEGLIO CHE ERA POSSIBILE.

È ADESSO NON CE CHE
ALTRO DI FARE. ESOLAMENTO
DI CONTINUARE COME ANTI
PRIMO A LAVORARE FORTEMEI

139

È A SERVIRE COME DIO
COMANDA A TUTTI I SANTI
CLIENTI BENE DOBIANO CERCARE
DI RAGIUNGERE LA BILACIA.
COME ERA PRIMO DEL BRUTTO
TERREMOTO.
ERA CERTAMENO POSSIBILE DI
CERCARE DI POTERE PRENDERE
IL PRIMO PREMIO DELLA
PENISOLA È ANCHE PER DARE
UN BUONO ESEMBIO ALLA
FABRICA.

CHE NEL FONDO DEL SUD
DELLA PENSOLA. CI SONO
DELLE PERSONE ONESTE È
BRAVI LAVORATORI È MOLTO
GENEROSI È ANCHE SPECIALIZATI
ALL'ATEZZA DI POTERE
MISURARE CON I ALTRI

140

SPECIALIZATI IN TUTTO
L'EUROPA. E LA MAGIORANZA
DEL POPOLO ITALIANO
BRAVO.
IL GRAVISSIMO PROBEMO È CHE
IL GOVERNO COME I MINISTRI
SONO STASTO TUTTISSIMI
MENIFRICHISTI E COTTI DAL
CAPITALISMO MONDIALE É
NON FANNO IL L'ORO SANTO
DOVERO.
PER TUTTA LA PENISOLA È
ISOLE ITALIANE. ECCEDERA.

BASTA A GUARARE L'ANTICA
VECCHIA STORIA DEI TENPI
PASSATI DICE.
CHE DOPO DEL' IMPERO ROMANO
CHE A DOMINATO L'ORD
É AFRICA É ANCHE QUASO

141

TUTTA L'EUROPA FINO ANCHE
L'INGHILTERRA ECCEDERA.
E STA SCRITTO ANCHE NEI
LIBRI DI STORIE.
CIOE MI RIVOGIO SOLAMENTO
PER VERIFICARE E A SPIEGARE.
CHE DOPO L'IMPERO ROMANO
L'ITALIA E STATO TOTAMENTO
DI MENTICATO DA TUTTISIMI
I GOVERNI E ANCHE DA TUTTI
I POLITICI.
E SP.IALMENTO TUTTO IL
SUD D'ITALIA E SUE ISOLE.
RITORNO ALLA STORIA VERA
STORIA DEL'UOMO.
CHE NOI INVERITA NON
LAVORIAMO PER NOI STESSO
PERSONALMENDO ECCEDERA.

SIQURAMENDO PER GLI ALTRI

142

L'UOMO LA DOLCE VITA BRUCIATA

MAGNACCI E MAFIOSI MONDIALI.
L'UOMO VIENO TOTALMENTO MANIPOLATO.
VIENO FATTO ANCHE IL LAVAGGIO DI CERVELO GIA DA BAMBINO.
E DALLE MEDIE. TELEVISIONE, RADIO, E SPECIE DAI GIORNALI. ECCEDERA.

E QUESTA E LA VERA VITA VERA.
DEL DETTO IL GRANDO BOSSO.
QUESTO E SUCCESSO NEL PAESO NATIVO.
DEL GRANDO BOSSO.
SI E SOLAMENDO SGOBADO PER TUTTI GLI ALTRI MAFIOSI FINTI, E PER TUTTA LA SUA CARA FAMIGLIA E PER LA BELLA.

143

BELLA PENSIONE CHE COME
CI FANNO CREDERE PER LA
BELLA PUBLICITA CHE FANNO
PER TELVISIONE RAIO È GIORNALI.
CHE QUANDO SI VA IN PESIONE
DI GODERE IL RESTO DEL VITA
SOTTO LE PALME AL MARE BLU.

IN VERITA È DI LAVORARE
MOLTO È DI RISPARMIARE MOLTO.
CHE POIO VENIAMO NOI DICE LA
MAFIA FINTA È VI PORTIAMO
TUTTO VIA.
CHE CI SERVE A NOI. CHE A VOI
NON VI SEVANO I SOLDI, VI
DICONO I LOBIISTI È I POLITICE
È COME LE BANCHE ROTTE.

È COSI I LAVORI DEL GRANDO
BOSSO ANDAVANO SENZA PROBLEMI

144

È i chlienti meno male erano tutti contenti e sodisfatti del servizio nel ne ozio si continuavo giorni per giorni. Dopo del grando disastro passato si speravo sembre alla normalita.

Finalmento torno tutto quaso come era primo e si puo anche dormire bene. È tranquillo pensavo il detto grando bosso. Della granda zienda un giorno era tutto tranquillo è calmo, cera un cielo azzurro è bellissimo che mai. Si davero dissero anche i operai è bello. Si continuo a

145

LAVORARE. ALLA TARDA SERA
IN CASA DISSO LA MOGLIE
AL SUO MARITO, SAI CARO
AMORETTINO CHE SONO DI NUOVO
INCINTA E SARAI PAPA PER
LA QUINTESIMA VOLTA.
CHE COSA MA VAI. SAI CHE
OGGI NON È IL PRIMO DI
APRILE.

ALLA NASCITA DI QUESTO
SIAMO CINQUE BAMBINI E DUE
DI NOI, SIAMO UNA FAMIGLIA
NUMERA CARA.
E COME DOBIAMO FARE.
A SPIEGARE A TUTTI I NOSTRI
CARI GENITORI E I PARENTI.
E TI PREGO ABBIA PAZIENZA
PER TUTTI QUESTI FIGLI.
E DI LAVORARE ANCHE DI PIÙ

146

L'UOMO LA DOLCE VITA BRUCIATA

È SEMBRE DI PIÙ DI PRIMO
IN SANTA PACE.
CHE DIO CI LA MANDERA
SENZALTRO BENE, CARO MIO
AMORETTINO E TUTTO VA
LISCIO VEDRAI NEL FUTURO
CARO TI VOGLIO TANTISS...
BENE DA MORIRE LOSAI DISSO
LA SUA MOGLIE.
E COSÌ FINI LA PICCOLA GRADE
DISCUSSIONE FRA L'ORO DUE
SPOSI.

DOPO DI ALCUNI GIORNI INIZIO
LA GRANDA DISCURSIONE, TEATRO
E VARIETA COME IL SOLIDO
PASSATO CON I L'ORI GENITORI.
DEL DETTO IL GRANDO BOSSO.
E DICEVANO AL POSTO DI
METTERE TANTI FIGLI.

147

È SICURAMENTO MEGLIO DI
FARE PIÙ ATENZIONE È DI
USARE PROTEZIONE, CHE NEI
TENPI DI OGGI CINE SO NO BEN
MOLTE DI POSSIBILITÀ. ECCEDERA

È ERTAMENTO DI NON ASCOLTA
ASSOLUTAMENTO A TUTTE QUESTE
RELIGIONE CHE SU QUESTO
MONDO ESISTONO.
E DI NON ASCOLTARE ALLE VECCHIE
STORIE. CHE I PREDI SULLE
ALTARE NELLE CHIESE PREDICANO
CERTAMENDO CHE SONO MENSOGNE.
È SONO BUONO PER LA CHIESA.
MA NON PER TUTTA LA GENTE
CHE CREDONO AL SIGNORE DIO.
SI SI DIO CÈ. CREDO IO.
MA CERTO TUTTE L'ALTRE COSE.
SONO INVEZIONE DELLA CHIESA.

148

CATTOLICA É ANCHE DELLE ALTRE
RELIGIONE CHE CI SONO IN TUTTO
IL MONDO SONO INVEZIONE.
PER BENIFICIO DELLE RELIGIONE.
L'ORO.
MA BISOGNA A PENSA PER
PRIMO DI FARE IL CONDO CON
IL DITO SUL NASO É DI CONTARE
ALMENO FIN A TRE.
PER AVERE UN FUTURO PIÙ
SICURO.
É PER VIVERE PIÙ BENE, SIA
PER VOI VOSTRO COMPOTAMENTO
É ANCHE PER EDUCAZIONE
FISICA.
SIA PER POTERE STUDIARE
HO DI APRENDERE UNA
QUALIFICA PER POTERE
VIVERE CIOE COME DIO
COMANDO. SU QUESTO MONDO.

149

BLU È PURO BELLISSIMO SÌ
CARO FIGLIO DISSO SUO PADRE.
DEL DETTO IL GRANDO BOSCO.

TU NON HAI CERTAMEDO
CAPITO PROPIO NIENTE SEI
ANCORA CON IL BECCO VERDO
È TANTISSIME COSE SI
CAPIRANNO SOLO QUANDO
ARRIVERAI A UNA ETA E
AVRAI I CAPELLI BIANCHISSIMI
CARO FIGLIO È CAPIRAI TUTTO
BESO.
È MI SEMBRA CHE TU NON
HAI CAPITO PROPRIAMENTO
NIENTO CHE COSA VOGLIONO
LE DONNE.
LA DONNA SAI È PER NATURA
GENETICO FEMMINILE È CHÈ
VUOLE SOLAMENTE DOVE

L'UOMO LA DOLCE VITA BRUCIATA

SI PUO AGRANPARE AVERE
TUTTO QUELLO CHE LI PIACE
E VA BENE A LEI SOPA TUTTO
TANTISSIMI GIOELLI È TANTI
ELEGANTI VESTITI DI ALTA
MODA.
PER FARE LA BELLA FIGURA
DAVANTI A TUTTA LA GENTA
CHE LEI È LA BELLISSIMA
È ANCHE LA PIÙ ELEGANTA
PER INGANNARE L'UOMO.
LA DONNA PENSA SOLO
ALLA BELLA DOLCE VITA.
È FAR NIENTE.
È NON CIA PIÙ ALTRI INTERESSI
È NON TI PENSO PIÙ A TE.
È NON A PIÙ INTERESSI DI
LAVORARE È DI DARTE UN
PO DI AIUTO NEL TUO
NEGOZIO È IN CASA VOSTA.

151

DIMI DOVE VA TUTTE LE SANTE
VOLTE VIA CON LA MACCHINA
LONTANO A FARE L'AMORE CHE
È ANCHE AMMESSO NELLA
PENISOLA.
AL POSTO DI FAREI SERVIZI
DI VOSTRA CASA E DI
PREUCUPARSENE DI PIÙ DEI
SUO FIGLI.
DIMI CARO FIGLIO DISSO.
IL PADRE DEL DETTO
IL GRANDO BOSSO.
TI LO CHIEDO DA PADRE NON
PENSI MAI CHE LEI POTREBE
AVERE DEI AMICHETTI PEL
IL LETTO A DIVERTIRSE IN
DISCOTECA AMORE È SEX.

È SI LE DONNINE SON STATE
SEMBRE COSI. È COSI SARANNO

152

TI DICO OCCHIO APERTO È
FAI SEMBRE MOLTO ATENZIONE
DISSO AL DETTO IL GRANDO
BOSSO.
IL PROVERBIO ANTICO DICÈ
CHE LE DONNE.
DA VANTO TI ACCAREZZANO
PER AMORE.
È DI DIETRO TI TRADISCE È
SOLAMENTO UN GRANDO
AMORE FINTO. E TRADITRICE E
SI SA CHE LA DONNA E VELOCE
COME LA VIPERA.
E TI FARA ANCHE FESSO
DAVANDO AI TUOI OCCHI
TUOI FAI VALERE IL TUO POTERE
E ANCHE I TUOI DIRITTI DA
MARITO.
E DA PADRE PATRONE CHE
SI RACCONDA COSI. CHE LA

153

VITA È CORTA E DIFFICILE
È VEDO CHE STAI LAVORANDO
MOLTISSIMO SPECIE NE ULTIMI
TEMPI È SEI ANCHE MOLTO
NERVOSO E PREUCOPATISSIMO

È LO DICE ANCHE LA TUA
MAMMA CHE QUALCOSA NON
VA BENE.
È MIA RIFERITO DI CHIEDERTELO
CHE COSA CE È PERCHE SEI
MOLTO PREUCOPATO È ANCHE
NERVOSO RISPOSO.
IL DETTO GRANDO BOSSO.
SI PADRE È VERO, MA NON
VI PREUCOPATE CON LA
MAMMA.
È SOLO PER LE BANCHE È
UN PO PER I CHLIENTI CHE
NON PAGANO PER ABITUDINE.

MEDITERRANE. PAGANO SEMBRE MOLTO DARDO.
MA CI VUOLE ANCHE MOLTO PAZIENZA CON IL COMMERCIO.
E COSÌ È PER POTERE ANDERE AUANDO VOI LO SAPETE CHE CI VUOLE MOLTO TEMPO.

DOPO DI TUTTI QUEI DISASTRI DEL MISTERIOSO TERREMOTO E CON IL TEMPO SI RIUSCIVO A RICUPERARE TUTTO CON IL TEMPO È CON LA BUONA VOLONTA DI DIO.
GRAZIE PE LA VOSTRA PREUCOPAZIONE CARI GENITORI.
SI SPERO CHE SIA PROPIO COSI COME DICE TU.
DISSO IL PADRE DEL DETTO IL GRANDO BOSSO.

155

SI È VERO IL TEMPO VELOCE
PASSA, GIA SONO NOVE MESI
PASSATO DELLA GRAVITANZA.

É NATA UNA BELLISSIMA
BAMBINA SANA E VALVE DI
SALUTE, E TUTTI ERANO
CONTENTI E FELICE IN CASA.
E PARENTI DISSERO. È ANCHE
NATA I UN MOMENTO GIUSTO
PER DIMENTICARE IL BRUTTO
PASSATO DEL TERREMOTO.
È DELLA CRISA CHE CERA IN
FAMIGLIA È NELLA ZIENDA.

ALLORA CHE BELLO CHE SI
FESTEGIA PER LA NASCITA
DELLA BELLA BAMBINA CON
LA SPUMANTE LIQUORI E
PASTICINI CONVETTI É MUSICA

156

È cosi si cercavo di sopra tutto di dimenticare la crisa é i problemi che cerano stato in famiglia é nella zienda.

É cosi tutti contenti é felice contenti e allegria.
É si pensavo gia a preparare per il battesimo.
É dovevo cetamento essere anche come i altri figli stato il battesimo.
Di invitare a tutti i parenti amici é vicini di casa per dovere é usanza della antica cultura del mediterraneo.
Allora é tutto come era stato sembre.

157

CERA IL GRANDO BANGETTO
FOTO E FILMINO MUSICA AL
VIVO PER BALLARE FINO
A TARDA ORA.
E TUTTI ERANO CONTENTISSIMI
È FELICE È ALLEGRIA ANCHE
SE ERANO QUASI TUTTI
STANGI PERLA FESTA DEL
BELLO BATTESIMO.
AL BATTINO TUTTI DOVEVANO
FAR LA PRESENZA SUL LAVORO
DI APRIRE SEMBRE IN SATA PACE
IL MAGAZINO È A SERVIRE A TUTTI
I CHLIENTI, CHE ERANO GIA
DAVANDO ALLA PORTA COME
IL SOLIDO.

È ANCHE SE ERAVAMO MOLTO
STANGI PER FESTIGIARE IL BELLO
BATTESIMO.

158

È DOPO DI TUTTA QUELLA
POLEMICHE TEATRALE È DEI
GIORNI PRECEDETE CERTO SI
CERCAVO DI DIMENTICARE
TUTTO.
CHE ERA POSSIBILE È DI
PENSARE SOLAMENTO AL VERO
COMMERCIO PER POTERE ANCHE
ACONTENTARE LA BANCA E
ALLA FABRICA.
EA CERCARE NON PIÙ SOLDI
POSSIPILE CHE CERO. PER
TOGLIERE IL DEFICITO CHE SI
ERA ACCUMOLATO NEL TEMPO
DEL BRUTTO TERREMOTO.

È DI CERCARE A FORZARE I
CHLIENTACCI DI FAR PAGARE
PIÙ PRESTO POSSIBILE PAGARE
E FARLI CAPIRE CHE CERANO

CHE CERANO LE ALTRE
AZZIENTE CHE VOGLIONO I
L'ORO SOLDI PER LA MERCIA
CHE ERANO SPEDITO GIA DI
ALCUNE SETTIMANE FÀ. È MI
MINACCIANO.
SE NON SONO VESATI I SOLDI
IN BANCA NOI NON SPEDIAMO
PIÙ LA NUOVA MERCIA.
CON TUTTI QUESTI PROBLEMI
SI CERCAVO AL QUANO CHE
ERA POSSIBILE DI ACCORDARE
A TUTTI UN PO ALLA VOLTA.

A UNO È UN PO ALLA VOLTA
LA FABRI E A LA BANCA ALLA
ITALIANAMETE.
È COSÌ SI CERCAVO DI
IMBATTARE PER POTERE
ANDARE AVANTO CON TUTTI

160

I CHLIENTI BANCO È FABRICA
È CON LE DITTE ALLA BUONA
MANIERA TIPICO ITALIANA.

COSÌ SI CONTINUO ANNI PER
ANNI SI ANDAVO BENE AVANTO
CON TUTTI CHE ERANO CAPITO
FINALMENTO IL SISTEMO È LA
SITUAZIONE DEI TEMPI CHE
ATTUALE ERANO.
DOPO DEL GRANDO DISASTROSO
TERREMOTO CHE ERA CAMPIATO
PER TUTTI IL COMMERCIO
CERCHERA DI COLLABORARE CON
TUTTI PER IL MEGLIO POSSIBILE
CON LE BANCHE È FABRICHE
È I CHLIENTI.

È FUNZIONAVO ANCHEMEGLIO
DE PREVISTO. TUTTI PENSAVANO

161

che non funzionavo con la collaborzione che si era preso anti primo.
Si continuo anche con più fiducia di primo.
È anche per non perdere tutti i l'oro soldi dai chlienti che la somma era alta.
È così anni per anni si lavoravo bene con tutti si pensavo si dicevo così che i commerciasti. Siamo tutti contenti che funziona tutto meglio de previsto.

Alla riunione del commercio annuale erano quasi tutti presenti. È dissero è tutto va bene. cos.

di continare è in pochi anni
in questo passo siamo certo
in bilancia come il passato
zenza debiti.
Tanti auguri. E aziami i
bicchieri con il prosecco
tutti insiemo è salute.
Che Dio ci la manda a tutti
bene nel futuro.

È tutti erano contentissimi
della buona notizia.
Giorni per giori si cercavo
di lavorare sembre meglio
è di potere continuare
senza paura del deficito
in banca è con la fabrica.

Così si continuo a cercare
per i nuovi chlienti a

163

ATRAVERSO LA PUBLICITA A
PASSA VOCE CON LA BUONA
CONOSCENZA É DEL BUONO
BELLO SERVIZIO CHE LA
VECCHIA CHIENTELA FACEVANO
A PASSA VOCE DEL BUONO
SERVIZIO.
PER IL DETTO GRANDO BOSSO
LUI ERA CONTENTO.
PER LA BELLA PUBLICITA CHE
SI FACEVO COME GIA FATTO
NEL PASSATO CHE ERA UN
BUON NOME COMMERCIALE

É IL TEMPO PASSA VELOCE
ERA ANCHE LA CRESIMA E
PER I CATTOLICI É QUASO
U DOVERO É COME ANCHE
PER LA PRIMA COMUNIONE
E UNA DITTATURA DELLA

CHIESA. CHE I RAGAZZI E LE
RAGAZZE CHE ERANO GIA
OLTRE L'ETA.
PER LE REGOLE TRADIZIONALE
ERA GIA TARDO PER I BAMBINI
PER LA COMUNIONE E CRESIMA.
ALLA RIUNIONE IN FAMIGLIA SI
PARLO DELLA SITUAZIONE
DEI BAMBINI CHE ERANO GIA
FATTO POLEMICA LA CUMONITA

E SI DOBIAMO FARE QUESTE
COSE CHE SONO NECESSARIO
CHE PER TEMPO E PER TANTE
ALTRE COSE.
CHE CERANO DA FARE ABIAMO
TRASCURATO LA CRESIMA E
COMUNIONE. TUTTI DACCORDO
IN FAMIGLIA E FARE TUTTO LE
COSE CHE VERVIREBERO PER I

165

BAMBINI SI CERTO É ANCHE
PER FARE LA BELLA FIGURA
IN PAESO É ANCHE AL
RISTORANTE CON L'IVITATI E
CON TUTTI I PARENTI AMICI E
COME IL SOLIDO FESTA ALLA
GRANDE FESTA PER USANZA
É ABITUTINE TRADIZIONALE
ANTICA.
SI FESTEGIA ALLA GRANDE CON
IL GRANDO BANGETTO E FOTO
FILMINO E CON LA MUSICA AL
VIVO. PER BALLARE É PER
DIVERTIMENTO FINO A TARDA
ORA. ANCHE QUESTO FU FATTO
BELLISSIMO.
COME TUTTE LE ALTRE BELLE
FESTE DEL PASSATO.
SI CERTAMENTO DI NON
DIMENTICARE MAI CHE SIAMO

IN SUD'ITALIA È VIVA LA
DOLCE VITA MEDITERRANEO
DEL BUON GUSTO MANGIARE
DIVERTIMENTO SOLE MARE BLU
SPIAGGIA. AMORE MUSICA E
UNA BELLISSIMA COSA PER
TUTTI. COSÌ È ARSVIVENTO.

ERANO TUTTI CONTENTI FELICE.
È VIA A CASA LORO È DI
CERCARE DI POTERE DORMIRE
E RIPOSARE AL QUANDO BENE
CHE SIA.
A MATTINO PRESTO A LOVORARE
È QUASO UN OBLICO NELLA
VITA DI NOI TUTTI SU QUESTO
MONDO PURO BLU È BELLISSIMO.
DISSO IL DETTO GRAND BOSSO.
PER COSÌ STANGO PUR TROPPO
SEMBRE A LAVORARE SI DEVE.

167

COSÌ È STATO. È COSÌ SARA
SEMBRE NELLA VITA.
GIORNI È PER GIORNI SETTIMA È
MESI È PER ANNI.
È UNA GRADISSIMA LOTTA DELLA
NOSTRA CARAVITA UMANA
ETERNAMENTO SU QUESTO
PIANETO BLU

A CHE COSA SERVIRA TUTTO
QUESTO.
CHE NOI CI SGOBBIAMO ALLA
FINE. QUANDO SIAMO MORTO
NON CI ABIAMO ASSOLATENTO
NIENTE È PIÙ NIENTE.
LASCIATO I SOLDI È ANCHE IL
POTERE PER I MILIONARI È AI
MILIARDARI MAFIOSI.
PENSANO DI POSSEDERE TUTTO
IL MONDO. NELLE L'ORO

L'UOMO LA DOLCE VITA BRUCIATA

MANI. MA SI SA CHE ANCHE I
MILIONARI E MILIARDARI.
DEBONO ANCHE L'ORO MORIRE E
LASCIANO TUTTO SU QUESTO
MONDO.
DISSO COSI IL DETTO GRANDO
BOSSO.
DOPO CHIUSO IL MAGAZINO
CON I RAGAZZI DISSO E ORA E
ADESSO VA BENE COSI CON
TUTTE QUESTE CHIACHERE
CHE ABIAMO GIA DETTO.
E ORA DI ANDARE TUTTI A CASA.
E IO VADO ANCHE A RIPOSARE
CH OGGI E STATO UNA
GIORNATA MOLTO FATICOSA
PEN--TE CHE SONO STANCHISSIMO
CARI AMICI.
ALLORA BUONA NOTTE E ALLA
PROSSIMA VOLTA. CARO BOSSO.

169

È SUBITO PARTIRO CON LA MACCHINA PER LE L'ORO CASE.
PENSAVO UN UOMO IN MACCHINA PER LA STRADA VERSO CASA L'ORO.
SCUSI SAI COME LA PENSI TE A TUTTO QUELLO CHE A DETTO.
IL GRANDO BOSSO DELLA ZIENDA CHE SIAMO STATO FINO ADESSO. MA IO NO CIO PENSATO A TUTTE QUELLE PAROLE PESANTE.
CHE A DETTO IL GRANDO BOSSO.

SI DISSO UN ALTRO UOMO NON SAPIAMO IN FATTO IL PERCHE NOI TUTTI UOMINI LAVORIAMO COME MULLI

170

SELVAGI E GALOPIAMO ALLA GRANDE COME I CAVALLI A SANGUE FREDDO.
E SI E ACHE VERISSIMO SIAMO GRANDI INGNORANTI SU QUSTE COSE.
MA NON MI PIACE PER NIENTE.
LE PAROLE COSI PESANTE CHE A DETTO STASERA CARI.
CHE QUALCOSA CHE NON VA BENE CON IL DETTO IL GRANDO BOSSO.
MA UN ALTRO UOMO DISSO IO NON PENSO ALLE MALE COSE. VEDI CHE NOI ABIAMO FATTO SEMBRE DELLE BELLE RISATE E DEI BELLISSIMI RACONDI NEL PASSATO.
SI MA A ME RISPOSO UN ALTRO UOMO NON MI PIACE

DI QUESTA SERATA BELLA
DI QUELLO CHE A DETTO IL
DETTO GRANDO BOSSO.
SI SPERIAMO TUTTI NOI CHE
NON SIA QUALCOSA DI MALE
CARI AMICI DELLA BELLA
COMBAGNIA.
E SPERIAMO CHE CIA UNA
GRANDE NUMEROSA FAMIGLIA
CHE DIO CI LA MANDERA BENE
AL DETTO IL GRADO BOSSO.

ALLA SEGUENTE MATTINA
SI INIZIO COME IL SOLIDO
A LAVORARE IN PACE TRANQUILLO
SI ANDAVO BENE.
E COSI È PASSATO ANCHE OGGI
QUESTA GIORNATA COSI
VELOCE.
SI ANDIAMO A CASA CHE SIAMO

MOLTO STANGI CHE CERANO STATO TRE AUTOTRENI PESANTI DI MERCIA. SI VA BENE COSI A DOMANI CARI E SALUTE LA FIMIGLIA.

VERSO LA TARDA SERA DISSO IL PIÙ PICCOLO BAMBINO A SUO PADRE IL DETTO GRANDO BOSSO. PAPA VI A VEDERE LA NONNA CHE NON SI VEDE DA UN BEL POCO DI TEMPO FUORO DELLA CASA.

NORMALMENTO È SEMBRE DI QUA È DI LA CAMINANDO A NAFFIARE I FIORI A PULIRE LE ROSE BELLE È I FIORI DI QUI AVANTO.

SI VAI A VEDERE LA NONNA COSA FÀ IL PICCOLO CORSO VELOCE DENTRO LA CASA LA CASA È

173

SUBITO DIETO UN GRANDO
URLO È DISSO VIENI PAPA
LA NONNA È PER TERRA È NON
RISPONDE PER NIENTE PIÙ IL
FIGLIO. DETTO IL GRANDO BOSSO.
CORSO VELOCE DENTRO LA CASA
CHE ERA DI FRONTE AL SUO
MAGAZINO.
È VEDE LA MAMMA SUA A
TERRA È SUBITO CHIAMO IL
PRONTO SOCCORSO E ANCHE
SUBITO A TUTTI CHE ERANO
NEL SUO MAGAZINO AIUTO
GRIDANDO FORTISSIMO È CHIAMATO
IL DOTTORE DI CASA È SE CE
ANCHE QUALCUNO ESPERTO
DI DARE UN AIUTINO FINCHE
ARRIVANO I MEDICI CHE LA MIA
MAMMA MI SEMBRA CHE È
MOLTO GRAVE PENSO CHE UN

174

INFATTO CARDIECO E CELEBRALE
TUTTI PIANGEVANO E GRIDAVANO
CERCHIAMO DI AIUTARLA DIAMO
LE MEDICINE L'ASPERINO E
GOCCE PER IL CUORE CHE
TIENE IL **SANGUE** FLUIDO FIN
CHE ARRIVANO IL PRONTO
SOCCORSO LA CROCE ROSSA
FU IL PRIMO INTERVENTO.
È L'ORO ANNO ANCHE PIÙ
SPERIENZE E ANCHE LE
APPARECCHIO E INSTRUMENTI
SPECIALI.

I PICCOLI NIPOTI ERANO TUTTI
SPAVENTOTO E PIANGEVANO
GRIDANDO NONNA COSA CI AI
NONNA PERCHE NON RISPONDI
CERCHI DI ALZARE DACCI LA
TUA MANO PER AIUTARE AD

175

ALZARTI NONNA È TUTTI CORREVANO VERSO LA CASA CHE SI ERA GIA SPARSIA LA VOCE DAI PARENTI È VICINI DI CASE.

MA NON CERANO PIÙ TANTA SPERANZA. ERANO DETTO I DOTTORI DELLA CROCCE ROSSA. È PARTI VELOCEMETO CON SIRENE È LUCE BLU CHE LAMPEGIAVANO VERSO LA CHLINICA PIÙ VICINO. NELLA CHLINICA LE SPERANZE ERANO MINIMALE DISSERO I DOTTORI.
PUR R.PPO SIETE ARRIVATO UN PO TARDO PE POTERE SALVARE LA VOSTRA MAMMA SI ABIAMO CERCATO SUBITO

DI POTER SALVARE LA VITA
DI VOSTRA MADRE E ABIAMO
VISTO CHE SPERANZE ERANO
BEN POCO.
MA CI DISPIACE PER LA MORTA
DI VOSTA MADRE.
E SI SA PER TUTTI NOI UOMINI
LA CARA MAMMA PROPIA E
UN GRANDISSIMO DOLORE PER
TUTTO LA NOSTRA ETERNA
VITA.
È ALLORA DI ALZARE LA
TESTA E CON I PIEDI A TERRA.
LA VERA VITA È COSI.
E COSI SARA ETERNAMENTO.

E ORA DI AVVISARE A CASA
CHE LA MAMMO FORSE ERA GIA
DECEDUTA DURANTO IL
TRASPORTO ALLA CHLNICA.

177

DISSERO I DOTTORI, É DI AVVISARE A TUTTI IN FAMIGLIA PER IL LUTTO.
È IL MAGAZINO RESTERA CHIUSO PER LA MORTA È PER I FUNERALI PREVISTO.
È DI AVVISARE IL COMUNO È AL CIMITERO È ANCHE IL PRETE LA SANTA MESSA È DI FARE TUTTO SERVE PER IL FUNERALE È DI ORDINARE LA BARRA LE ROSE È I FIORI.
IL CORSO CON LE MACCHINE È IL ULTIMO TRATTO DI ANDARE TUTTI A PIEDI FINO ALLA TOMBA NEL CIMITERO È CERA UN GRANDO AFOLAMENTO DI GENTE PRESENTO. SI PUO DIRE CHE ERA QUASAMETO TUTTO IL PAESO PRESENTO

178

SI CHE ERA MOLTA CONOSCIUTA
NEL PAESO NATIVO È ERA BEN
VOLUTA DA TUTTA LA GENTE.
RISPETAVO SALUTAVA A TUTTI

FU UN FUNERA TRAGICO
PER I FIGLI È PARENTI È DI PIÙ
PER I PICCOLI NIPOTI.
CHE AMAVANO TANTO LA LORO
NONNA.
È LA VOLEVANO TATISSIMO
BENE. ANCHE DI PIÙ DELLA
LORO MAMMA CARNALE.
DOPO DI ALCUNE ORE ARRIVO
ANCHE LA BRUTTA NOTIZIA AL
SUO PRIMO FIGLIO CHE LUI
VIVEVO LONTANO DAL PAESO
NATIVO.
PER MOTIVO DI LAVORO.
È FU PER LUI COME UNA

PUGNALATA DATO AL QUORE
SENZA USCIRE UNO GOCCIA DI
SANGUE E SENZA PAROLE.
PER LUI ERA LA MAMMA
TUTTO NELLA SUA VITA.
SOLAMENTO LA MAMMA E PER
UN ITALIANO.
LASCIA SOLO LA MAMMA PER
SEMBRE LA CARA MAMMA PER
TUTTO, L'ETERNITA.
PER L'UOMO ITALIANO DEL
MEDITERRANEO.

CE SOLO PER PRIMO DIO ONIPOTENTO
LA MAMMA DOPO LA FAMIGLIA.
E ANCHE DOPO LA MORTA DELLA
SUA MAMMA PORTERA AL
CIMITERO SEMBRE LE ROSSE
FIORI E CANDELE DI CERA LUI
SI RICORDA ANCORA OGGI CHE

180

L'UOMO LA DOLCE VITA BRUCIATA

LA MAMMA AMAVO TANTE LE ROSSE E FIORI CHE LEI ERA PIANTATO INTORNO ALLA L'ORO CASA.
CHE ERANO FABRICATO CON MOLTO SACRIFICI E SUDORE NELLA SUA VITA.
INSIEME AL SUO MARITO E I FIGLI SUOI NELLA L'ORO CARA GIOVENTU.
PUR TROPPO NON È TUTTO ORO CHE LUCICA NELLA VITA NON È ASSOLUTAMENTO A NIETE.
A FARE TUTTI QUEI SACRIFICI NELLA SUA VITA.

OGGI È ANDATO TUTTO PERSO.
IL SUDORO E ANCHE I SUOI SACRIFICI FATTI. ECCEDERA.
È DOPO DI TUTTO QUESTO

GRANDISSIMI DORI É MOLTO
DISPIACERE BISOGNAVA ANCHE A
TORNARE FARE TUTTO CHE ERA
NECESSARIO PER LA CERIMONIA.
CHE NON CI SAREBERO POLEMICHE
DAL POPOLO DEL PAESO É ANCHE
CRITICHE.
SI DEVE TORNARE AL QUANDO
PIÙ POSSIBILE CHE SARA ALLA
NORMALITA I FAMIGLIA É ANCHE
CON IL COMMERCIO.
DI APRIRE SUBITO IL MAGAZINO
PER I CHLIENTI.
É ANCHE COSI COME ERANO
ABITUATO PRIMO.
NEL PASSATO É DI AVVISARE
LA FABRICA CHÈ IL MAGAZINO
É DINUOVO APERTO É DI
POTERE SPEDIRE LA MERCIA
COME PRIMO DELLA MORTE

DELLA CARISSIMA MAMMA.
È ANCHE PER TUTTA LA FAMIGLIA
BUONO A LAVORARE ANCHE
PER CERCARE A DIMENTICARE
LA TRAGEDIA CHE ERA GIÀ
SUCCESSO COSÌ ALINBROVISO

DISSO. IL DETTO GRANDO BOSSO
LA LOTTA CONTINUA GIORNI
È NOTTE COME SEMBRE PER
TUTTI NEL BRUTTO MOMENTO È
NEI BELLISSIMI TEMPI DELLA
VITA.
CON LA ZIENDA A SOPRA A
VIVERE È DI NON PENSARE
SEMBRE A QUELLE COSE MALE
CHE ERANO GIÀ SUCCESSO.
FINALMENTO SI ANDAVO GIORNI
SETTIMANE È MESI PASSARONO
TANTI ANNI BUONI E

183

TRANQUILLO, É ANCHE IL NEGOZIO
ANDAVO BENE É COME I ALTRI
AFARE ANDAVANO DESCRETO
BENINO.
CERTAMENDO SI PUNTAVO
SUL PREMIO CHE TUTTI I ANNI
SI METTEVO PER LA GRANDE
GARA.
LA FABRICA DISSO IL PREMIO
VALEVO PER TUTTA LA PENISOLA
É LE ISOLE CONBRESE.
MA PER IL DETTO GRANDO BOSSO
PER IL MOMENDO IL SECONDO
POSTO NON ERA MALO. DISSO.
MA LUI VOLEVO ASSOLUTO
IL PRIMO GRADINO PIÙ ALTO.
CERTAMENTO IL PRIMO PREMIO.

IL DETTO GRANDO BOSSO
DISSO.

L'UOMO LA DOLCE VITA BRUCIATA

ASCOLTATI PER UN ATIMO SOLO. CHE PROSSIMAMENTO SARO IO SUL GRADINO PIÙ ALTO A PRENDE IL PRIMO PREMIO.
DELLA PENISOLA, CHE SO IO DI AVER SMERCIATO PIÙ DI TUTTI VOI MERCIA.

CERTAMENTO ERA PROPIO QUELLO CHE VOLEVANO LA FABRICA SENTIRE PER CERCARE PIÙ CONCORENZA PER FARE SMERCIARE DI PIÙ MERCIA. ATRAVERSO I NEGOZIATI È COSI CERA ATOMATIMENTO DI PIÙ GUADAGNO CERTO PER LA FABRICA.
E CI FU UN GRANDO APPAUSO DALLA PARTA DEI

185

DERIGENTI DELLA FABRICA
PER LA BELLA IDEA.
DEL DETTO IL GRANDO BOSSO.

DISSERO I DIRETTORI DELLA
FABRICA. ALLORA È ANCHE ORA
DI AZARSI È SALUTE A TUTTI
I PRESENTI CON IL PROSECCO.
È ANCHE AI TRE PREMIATI
PRESENTI. GLI UOMINI.

SIA DAL PRIMO PREMIATO
AL SECONDO È IL TERZO
PREMIO.
SIETE STATO PER NOI TUTTI
BRAVO. È DI NUOVO TANTI
AUGURI E SALUTE CON IL
BUON PROSECCO A PLAUSI.
IL GRANDO BOSSO PRESO IL
BICCHIERO VUOTO IN MANO

186

BATENTO CON LA FORCHETTA
SUL BICCHIERO È PERFAVORE
UN MOMENTINO DI ATTENZIONE
A TUTTI QUI PRESENTI
SIGNORI DELLA FABRICA.

CHE CI DAREBERO UNA BUONA
MANO A TUTTI NOI COMMERCIALISTI
DELLA PARTA TECNICA E ANCHE
LOGISTICA PER POTERE ANCHE
PIÙ PRODOTTI SMERCIARE.

CIOE È PIÙ GUAGNO PER VOI
È PER LA FABRICA.
È POSSIBILMENTO DI METTERE
UN PREMIO IN PAIO INSIEME
AI PREMIO DEL'ANNO.
È PRODEBE ESSERE ANCHE UNA
FERRARI GRANDE È BELLISSIMA
ROSSA.

187

CHE TUTTI NOI UOMINI CHE DA BAMBINI TUTTI SOGNEVAMO.

SAREBE UNA BELLISIMA GARA È ANCHE UNA SFIDA PER TUTTI NOI DISTRIBITORI È ANCHE PER LA FABRICA CI SARA ANCHE PIÙ GUADAGNO ALLA FINE DEL'ANNO

SI ALZO IL CAPO DELLA FABRICA SORRIDENTO RISPOSO. SI E UNA BELLISSIMA IDEA DETTO DAL GRANDO BOSSO.

MA PERO VEDIAMO ALLA PROSSIMA RIUNONE SE VIENE ACCETATO QUESTA BELLA SFIDA DALLA PARTE DELLA FABRICA.
MA IO PERSONALMENTO PENSO DI SI. É MILLE GRAZIE A TUTTI

voi prenti. È al prossimo anno
anche con bella grande rossa
spero spero per voi tutti.

Il giorno seguento era gia
nella sua zienda e disso il
grando bosso ai suoi operai
e alla sua famiglia.
Che erano questo anno solo
il secondo premio. Di tuta la
penisola.
Erano quasi tutti contenti
per il loro lavoro e per l'oro
bella gentilezza e la
prestazione e sapere fare
con i chlienti.
Mille grazie a tutti voi cari.
Ma ce una bellissima cosa che
gia alcune volte abiamo detto
di cercare sembre il primo

GRADINO PIÙ ALTO CHE CE.
È IL GRANDO PREMIO CHE CÈ
IL PROSSIMO ANNO. CARI E
VOGLIAMO PRENDE TUTTO NON
SOLO IL PRIMO PREMIO MA
ANCHE LA ROSSA BELLISIMA
ELEGANTE CHE È IN PAIO.

ALLORA CON PIÙ GRINDA È CON
PIÙ ALLEGRIA GENTILEZZA VERSI
I CHLIENTI CAPITO TUTTI CHE
DOBIAMO .. A TUTTI I
CASI CERTO. LA GRANDE
FERRARI ROSSA. FAMOSA.
COSÌ ALLA DOMENCA E GIORNI DI
FESTA POSSIAMO FARE NOI TUTTI
DELLA ZIENDA DI GIRARARE PER
I PAESI È NELLE CITTÀ.

D'INTORNO SÌ CARI È PROPIO QUESTO
190

CHE NOI VOGLIAMO A TUTTI
DIMOSTARE CHE SIAMO BRAVI
È GRANDI LAVORATORI È ABIAMO
LOTTATO TUTTI IN SIEMO ALLA
GRANDE PER IL PRIMO PREMIO
È ANCHE PER LA GRANDE È
BELLISSIMA ROSSA AMATA
NEL MONDO.

SI AL DETTO GRANDO BOSSO PER
LA GRANDE BATTAGLIA INSIEMO
GIA DA DOMANI INIZIERA PER
TUTTI I SANTI GIORNI È NOTTE
SETTIMANE MESI È PER MESI.

È VIA ALLA CONQUISTA DELLA
BELLISSIMA ROSSA ELEGANTE
È PER TUTTI DI POTERLA
ACAREZARE CON LE VOSTRE
PROPIE MANI È ANCHE A QUEI

191

L'UOMO LA DOLCE VITA BRUCIATA

CHE LAVORONO GIORI E NOTTE
IN QUESTA ZIENDA.
DOPO DI TANTISSIMO LAVORACCIO
E SONNO PERSO. FINALMENTO
SI ARRIVO ALLA FINE DEL'ANNO.

ERA TANTO DESIDERATO DA
TUTTI IL PREMIO... E CERA LA
GRANDE BELLISSIMA ROSSA
IN PAIO.
IL GIORNO DEL ASSEGNAZIONE
DEL PREMIO ERANO CURIOSAMENTO
TUTTI PRESENTI.
GUARDAVO IL DETTO BOSSO
E NON VEDEVO NIETE PROPIO
NIENTE MESSO PER IL PAIO
SUL PARCO.
MA DOVE E LA PROMESSA. LA
R.
SI VEDONO SOLAMENTO I TRE

ROCCO TARANTINO

PREMIO COME TUTTE LE ALTRE VOLTE SUL PARCO MESSO.
PENSO CHE NON È STATO ACCETATO DALLA FABRICA.
RISPOSA LA CARA MOGLIE PECATO.
È UNA GRADE VERG GNA PER LA FABRICA MAFIONCELLA SE ANNO DECISO PROPIO COSI.
È UN GRANDO DISPIACERO PER TUTTI NOI NEGOZIANTI È ANCHE PER TUTTI I BRAVI OPERAI CHE ANNO LAVORATI È SUDATO È TANTISSIMO PER LA BELLA ROSSA.
E SI SA CARA TESORO È UN GRANDO SCIAFFO MORALE PER TUTTI NOI PRESENTI È PER I RAGAZZI CHE CORREVONO È COSI CONTENTI ALLEGRI PER

193

LA BELLISSIMA ROSSA.
DISSO IL DETTO GRANDO
BOSSO.
ERO TUTTO NERVOSO E MOLTO
ARRABIATO. VEDIAMO COSA
DICONO I BRUTTI CAPI DELLA
FABRICA.
ALLA APERTURA DELLA FESTA
DEL'ANNO ERA COME IL SOLIDO
TUTTI INPIEDI E CERA IL APLASÓ
PICCOLO È SUBITO TUTTI A
SEDERSI È SILENZIO ASSOLUTO
COME LE MOSCA
IL CAPO DELLA FABRICA
CHIESO DOPO DI UNPO DI
TEMPO. COME FOSSO SOPRESO,
DELLA FACENTA CHE CERA IN
SALA.
SCUSATE COSA CÈ SIGNORI É
SIGNORE. È RISPOSO UN SIGNORE

SEDUTO IN PRIMA FILA È DISSO
VEDIAMO CHE MANGA LA
FAMOSA PROMESSA ROSSA
DALLA FABRICA, NON CREDIAMO
CHE VOI TUTTI VI AVETO
DIMENTICATO.
MA CHE TUTTI NOI NOI CON I
OPERAI CHE ABIAMO LOTTATO
È SUDATO TANTISSIMO.

È VOI FATO FINTO DI NIENTE
SI VEDE DELLA MERCIA CHE È
STATO GIA VENDUTA, MOLTA
SCUSATE CE ALMEN UNA
SPIEGAZIONE PER TUTTI NOI
QUI PRESENTI.
È COME ANCHE PER I NOSTRI
RAGAZZI CHE NON SONO
PRESENTI QUI.
È PER MOTIVO DI LAVORO.

195

RISPOSO IL PAPO DELLA FABRICA
MA CI DISPIACE NON SO ESTATO
PER PROBLEMI DI PUBLICITA
DELLE ALTRE CONCORENZA E
NON PUO ESSERE QUI PRESENTA.
PER POTERLA DOCEMENTE
ACCAREZARLA.

E VA BENE SIETE CERTAMENTO
FRUTATORI, E RISPOSO SUBITO
UN ALTRO SIGNORE DELLA
GRANDE SALA.
DISSO E L'ANNO CHE VIENE
PENSATE CHE DA QUESTO
MOMENTO LA VENDITA DELLA
MERCIA NON SARA CERTO
ALTA COME QUESTO ANNO.

E SIAMO ABITUATI ALLE GRANDE
BUGIE. MA NON FA NIENTE.

196

CI LA FACCIAMELA VEDERE
A QUESTI BRUTTI UOMINI
CHE ANCHE SENZA DI L'ORO
SIAMO CAPACE DI COMBRARLA
LA BELLISSIMA ROS' SOLAMENTO
CON IL NOSTRO SUDORO.
RIVERI' IL DETTO GRANDO
BOSSO.
TUTTI INPIEDI É CON UN GRANDO
URLO É PLAUSI PER ANCUNI
MINUTINI SI CARO GRANDOBOSSO
É QUELLA ROSSA CI LA
FACCIAMO VEDERE PROSSIMAMENTO

É COSI FINI PER IL MOMENTO.
ERA ANCHE ARRIVATO L'ORA
DEL BANCHETO PER LA
CERIMONIA ANCHE,
É PER DIMENTICARE DELLA
MANGANZA PROMESSA BELLA

197

ROSSA CET... CERTAMENTO DOPO
IL BANCHETTO CERA ANCHE
L'ANUNCIO DEL PREMIO COME
TEMPI PASSATO.
TUTTI SILENZIOSI E CURIOSI
DI VEDERE A CHI ANDAVO
IL PRIMO PREMIO DELLA
PENISOLA.

TUTTISSIMI IN SILENZIO E OCCHI
APERTI CURIOSAMENTI A...
PER VEDERE A CHI IL PRIMO
PREMIO DEL'ANNO.
QUESTA VOLTA IL TERZO
PREMIO ANDRA ALLA REGIONE
DEL CENTRO ITALIA.
UN APLAUSO PER I BRAVI
RAGAZZI APLAUSI.
IL SECONDO PREMIO VA AL
NORD ITALIA.

198

PER QUESTA VOLTA APLAUSI PER IL PREMIO APLAUSI PER ILO SOLO SECONDO GRADINO.

È QUESTA VOLTA E VA ALLA REGIONA DEL SUD.
È ANCHE GIUSTO CHE PER ALCUNI ANNI.
SONO ANCHE STATO BRAVISSIMI CHE ANNO INIZIATO DA ZERO.
È OGGIO POSSIAMO DIRE TUTTI IN SIEMO PER IL PRIMISSIMO GRDINO PIÙ ALTO CHE CÈ È UN FORTISSIMO APLASO A QUESTI BAVI RAGAZZI DEL SUD. DELLA PENISOLA APLAUSI.

È CI FÙ UN GRANDO URLO

199

DALLA SALA DICENTO DOVE
È LA DESIDERATA GRANDE
ROSSA È BELLISSIMA.

NESSUNA RISPOSTA DALLA
MALA DIRZIONE DELLA FABRICA.

SI ALZO IL DETTO GRANDO
BOSSO PER CORTESIA UN PO
DI SILENZIO CARI COLLEGI.
BASTA CON TUTTE QUESTE
MALE CHIACHERE.
MILLE GRAZIE A TUTTI QUI
PRESENTI PER IL AIUTINO.
CHE SONO STATO IN GRADO
DI POTERE ESSERE SUL
GRADINO PIÙ ALTO CÈ CHE
CÈ.
IL PRIMO PREMIO DEL'ANNO
È SONO MOLTO ORGOGLIOSO.

200

ROCCO TARANTINO

L'UOMO LA DOLCE VITA BRUCIATA

CHE AVETE TUTTI ACCETATO
LA GRANDISSE SFIDA.
VOGLIO ANUNCIARE UNA
BELLA COSA.
A TUTTI VOI PRESENTI,
CHE PROPIO ADESSO I QUESTO
MONENTINO, ABIAMO DECISO.
NOI DEL SUD DELLA PENISOLA
CHE LA BELLISIMA ROSSA
LA COMBRIAMO NOI.
DISSO IL GRANDO BOSSO.

É ANCHE PER FARE A TUTTI
I RAGAZZI É CERCARE DI
INGORAGIARE PER IL PRIMO
PREMIO DELLA PENISOLA É
MILLE GRAZIE A TUTTI VOI.
CI FU UN GRANDO URLO É
APLUSI GRIDANDO.
SEI FORTO É CI LA FACCIAMO

VEDERLA CHE ANCHE
SENZA DEL L'ORO PREMIO
NON MESSO IN PAIO.
LA BELLISSIMA DESIDERATA
ROSSA.
MA NOI CI LA FACCIAMO SOLA
GUARDARE DA LONTANO É
BASTA.
SI BRAVO GRANDO ROSSO
BRAVO.
ALLA FINE DEL'ANNO LA
BELLA NUOVA PROMESSA
IDEA. FINALMENTO SI ERA
ANCHE ARRIVATO AL'ORARIO
DEL BANCHETTO DEL'ANNO.
COSI TANTO DESIDERATO
ANCHE DA TUTTI.
NON SOLO PER MANGIARE
É BERE ÉA CHIACHERARE
ERA ANCHE PER ABITUDINA.

202

PER ANCHE BALLARE FINO A TARDA SERA.
ERANO QUASI TUTTI FELICE E CONTENTI.
AL MATTINO BEN PRESTO DI SALIRE I MACCHINA PER TORNARE VELOCEMENTO ALLA VECCHIA TANA COME UNA VERA VOLPA.

IL DETTO GRANDO BOSSO.
CERTAMENTO ERA TANTO CONTENTO PER FARE VEDERE IL BELLO GRANDO PREMIO IN FAMIGLIA ANCHE AI OPERAI E PARENTI.
CERTAMENTO A TUTTI I CHLIENTI E I BRAVI RAGAZZI SEMBRE COSI CHE NOI DOBIAMO FARE VEDERE.
AL DIRETTORE DELLA FABRICA.

203

CHE NOI SIAMO ANCHE IN
GRDO DI POTERLA COMBRARE
LA BELLISSIMA ROSSA.
SENSA DI L'ORO COSI POSSIA
FARE CON NOI TUTTI ALLA
DOMENCA DEI BELLISSIMI GIRI
CON LA BELLA ROSSA. ED
ELEGANTE.

FACCIAMO VEDERLA A TUTTI
CHE SIAMO BRAVISSIMI RAGAZZI
SUL CAMPO.
È POSSIAMO È POSIAMO FARE
DEI BELLI GIRI.
UNO DOPO L'ALTRO CERTO CON
LA BELLA ROSA.

INBROVISAMENTO LA PIÙ
BELLISIMA NOTIZIA TUTTI
ERANO ANCHE PIÙ CONTENTI

204

A LAVORARE CON MOLTA GRINDA.
SI CERCAVO DI ESSERE ANCORA
PIÙ BRAVI CON I CHLIENTI
DI VENDERE POSSIBILMENTO DI
PIÙ MERCIA.
È IL GRANDO DETTO BOSSO.
ERA MOLTO CONTENTO PER IL
NOSTRO BEN SAPE FARE NEL
COMMERCIO.

CERTAMENTO È UNA SFIDA
VERA. È ANCHE UNA GRANDE
SODISFAZIONE PER TUTTI
NOI DELLA ZIENDA.
SÌ CERTAMENTO CONTINUO COSÌ
PER GIORNI SETTIMANE MESI
E MESI SI LAVORAVO TRANQUILLO.

AL'IMPROVISO LI VENNO AL
PADRE DEL GRADO BOSSO.

205

un molore al momento fu velocemento portato alla chlinica più vicino per fare il primo accetamento e i analisi.
Disso il dottore ma deve lasciare ricoveroto in questa chinica per i analisi per vedere cosa si puo fare per il suo caro padre.

Va bene dottore per favore è cotesia cercato di fare tutto quello che sia possibile.
Alla caro padre devi la are qui a detto il dottore, è buon riposo e buona notte a domani.
Il giorno dopo domando per

PER I RISULTATI DELLE ANALISI IL DOTTERE RISPOSO NON SONO TANTI BENI MI SENBRA CHE SONO POCHI GIORNI DI VITA PER VOSTRO PADRE.

IL GRANDO BOSSO ERA SCIOCATO E DISSO OH DIO PROPIO ADESSO NON CI VERVIVO QUESTA MALISIMA BUTTA NOTIZIA CHE CI ABIAMO TANTO LAVORI DA SVOLGERE NELLA ZIENDA. OH DIO MIO DIO IN NOME DEL PURGATORIO UN POCO DI AIUTO PER NECISCITA PER TUTTI IN FAMIGLIA.

DISSO IL DOTTORE MI DISPIACE CHE DOPO DI UN PAIO DI GIORNI É DECEDUTO IL TUO

207

PADRE. DEL DETTO IL GRANDO BOSSO.
CE IL PROVERBIO CHE DICE QUANDO È ARRIVATO IL MOMENDO. GIA DATO DA DIO. LA LUCE DELLA CANDELA SI SPEGNERA DA SOLA.

FU UN GRANDO DISPIACERE IN FAMIGLIA PER LA MORTA DEL PADRE.
È DI PIÙ DOLOROSA FU PER I CINQUE PICCOLI BAMBINI CHE ERANO I NIPOTI DEL DECEDUTO NONNO.
CHE DALL'ORA IM POIO NON CERA PIÙ IL CARO NONNO PRESENTO IN CASA. PER GIOCARE INSIEME È DI RACONDARE DEL PASSATO.

DEI BELLI PROVERBI ANTICHI.
PER I BAMBINI ERA BELLISIMO
ANCHE DI POTERE STARE CON
IL L'ORO NONNO.
CHE I GENTORI NON AVEVANO
TANTO TEMPO, PER MOTIVO
DI LAVORO NELLA L'ORO
AZIENDA.

SI È COSI LA VERA VITA
DI TUTTI NOI IN QUESTO
MONDO.
È PURO BLU È BELLISSIMO
CHE NOI VIVIAMO.
È CREATO COSI DA DIO.
CHE CHI VA. E CHI VIENE.
COME I UCCELLI SU QUESTO
P

CE ANO DA FARE I FUNERALI

209

L'UOMO LA DOLCE VITA BRUCIATA

ANCHE CON TANTISSIMI DOLORI DI PENSARE PER I FIORI È PARENT E DEL PAESO CHE ERA UNA PERSONA MOLTO BRAVO È GRANDO LAVORATORE È BEN VOLUTO DA TUTTO IL PAESO SUO NATIVO.

IL GIORNO DEL FUNERALE CERA QUASO TUTTO LA GENTE CHE VIVEVANO NEL PAESO. ERANO PRESENTI PER SALUTARE DONORE È DOVERE E PER USANZA ANTICA DEL PAESO.
FINO AL CIMITERO. A CON BAGNATO CON TANTISSI FIORI È CORONE CHE ERANO PORTATO LA GENTE DEL PAESO.
FINO ALLA CAPPELA CHE

CHE VENIVO LA SEPOLTO LA SALMA.

CHE ERA ANCHE UNA CAPPELLA PRIVATO COSTRUITA DALLA PROPIA FAMIGLIA.

DOVE CI SONO SEPOLTI ANCHE GIA I ALTRI DELLA SUA VERA FAMIGLIA. ET

DOPO LA SEPOLTURA CE SEMBRE LA STORIA DEL' UOMO E SI SPIEGA A TUTTI CHE SONO DAVANTO ALLA CAPPELLA CHE È STATO SEPOLTO.

PER RICORDARE IL SUO VERO CAMINO DELLA VITA GIA DESTINATO DA DIO.

SCUSATE A TUTTI QUI CHE SONO PRESENTI DAVANTO ALLA

CAPPELA PROPIA DEL NOSTRO
DECEDUTO PARENTO.
É VI LEGO TUTTI I PERIGOLI
CHE LUI E PASSATO DURANDO
LA SUA VERA VITA.
MA CON LA MANO DI DIO É
SEMBRE É RIUSCITO A SOPRAVIVERE
I PERICOLI. E A SOPRAVIVERE É
GRAZIE A DIO.

LA PRIMA VOLTA FU DI NOTTE
ANDO A SALUTARE LA CARA
SORELLA CHE ABITAVA ALC.
KILOMETRI LONTANO.
CHE LUI DOVEVO PARTIRE
IN AFRICA PER LA GUERRA
CHE FU DICHIATO DA MUSSOLINO
É ANCHE DAL REGIMO DEL
ÉPOCA. DETTO L'ASSO DI
BERLINO ROMA É TOCHIO.

CADO NEL POZZO. CHE QUELLA
NOTTE ERA TANTISSIMO BUI.
E IL POZZO NON ERA RICENTATO
E GRIDANTO IL PIÙ FORTO CHE
LUI POTEVO CON LASPERANZA
CHE QUALCUNO SENTIVO LA
SUA VOCE.
DI AIUTO PER POTERE ESSERE
SALVATO DAL PROFONDO POZZO.
DALLE ALTRE PERSONE.
E FU SENTITO. COSÌ CON T.NTE
GENTE CHE ERANO ARIVATO.
CON LE SCALE E CORDE CHE
ERANO PORTATO I BRAVI CONDATINI
DELLA ZONA VIVENTE.
COSÌ FU SAVATO DAL POZZO.
GRAZIE ALLA MANO DI DIO.

LA SECONDA VOLTA FU NELLA
SECONDA GUERRA MONDIALE

213

L'UOMO LA DOLCE VITA BRUCIATA

IN AFRICA OBLICATO DAL FASCISMO
CHE IN QUEI TEMPI ERANO
AL POTERO IN ITALIA E FU
MANDATO IN GUERRA IN AFRICA
A CONBATTERE AI FRONDI E
FU ANCHE DALLE BOMBARDAMETI
E DALLE PALLOTELE DEI FUCILI
E CON CANNONI, DALLE MALETIE
FAME E SETE. DURANTE LA
BUTTA GUERRA FASCISTA
RITORNO DOPO L'AMINISTIA
CON LA NAVA MILITARE IN
ITALIA. SANO E SALVO E GRZIO
A DIO.

LA FAMIGLIA ERA TUTTO
CONTENTISSIMA E COLLE LACRIME
NEI OCCHI CHE ERA TORNATO
DALLA GUERRA COSI BELLO DI
SALUTE E SANO E SALVO DALLE

BRUTTE MALETTIE. CERTAMENDO SI DOVEVO LAVORARE PER I DANNI DELLA BRUTTA GUERRA MONDIALE LASCIATO DAI MALI ALLEATI CHE ERANO OCCUPATO L'ITALIA.

E QUESTO È IL RESTO DELLA POVERA VECCHIA EUROPA E ANTICA MAFIOSA.

LA TERZA VOLTA FU AL'ESTERO DOPO L'INPATRIA DELLA AFRICA CERTO IN ITALIA NON CERA IL LAVORO È PANE.

UN BEL GIORNO PENSO DI ANDARE A CERCARE LAVORO FORTUNA OLTRE CONFINE E ANCHE NON ERA TUTTO ORO. SI DOVEVO DORMIRE NELLE BRUTTE VECCHIE BARACHE.

215

ALLA NOTTE QUANDO ERA FREDDO SI ACCENDEVANO NELLE BRACIERE I CARBONI PER POTERE ANCHE RISCALDARE LA CAMERA.

È UNA NOTTE DIGRAZIATAMENTO NON SI GUARDO BENE SE SI ERA BRUCIATO È CONSUMATO TUTTO IL CARBONO
AL MOMENTO SI ADORMENTO PER CAUSO DELLA MOLTO STANGEZZA È RESPIRANDO DEL GASSO CARBONICO ED ERA QUASO MORTO.

ALLA MATTINA PRESTO CHE LO CHIAMAVANO I AMICI PER ANDARE A LAVORARE. CERTO CHE ERA CIA TUTTO CARBONIZATO.
È NON POTEVO RISPONDERE A

A NESSUNO PIÚ. É ALLORA
FORZIAMO LA PORTA DISSERO I
AMICI DI LAVORO SI DACCORDO.
IO CHIAMO IL PRONTO SOCCORSO
É LA POLIZIA.
SI DAI DOPO DI AVERE FORZATO
LA PORTA É VEDERO IL GRANDO
DISASTRO CHE IL CORPO ERA
COME UN MASSO DI CEMENTO.
É CERA LA BRACIERA IN MEZZO
LA STANZA SUA.

AL MOMETO ARRIVO IL PRONTO
SOCCORSSO É SUBITO FÚ
PORTATO VELOCEMENTO AL
OSPEDALE SCORTATO DALLA
POLIZIA.
PER FORTUNA SUA ERA SUBITO
ARRIVATO AL PROTOSOCCORSO É
SALVATO.

217

ANCHE QUESA VOLTA PER
MIRACOLO DI DIO.

È ANCHE PER LA QUARTA
VOLTA CI FU L'ANGELO
QUSTOTO AL SUO FIANCO.
UN BEL GIORNO LI VENNO
UN PENSIERO DI POTERE
PORTARE L'AQUA DA UNA
PICCOLA SORGENTE AL POZZO
DAVANTO A CASA SUA.
MENTRE CHE LAVORAVO NEL
CANALE PER METTERE I TUBI
AL' IMPROVISAMENO FRANO IL
TERRENO SU DI LUI È
LASCIO PER ALCUNO TEMPO
SOTTO LA FRANA.

CHE NON C'ERA NESSUNO
AL MOMENTO INSIEME SUL

LAVORO. FORTUNATAMENTE
PASSAVO IL SUO NIPOTO PIANO
PIANO A PASSO D'UOMO CON
LA MACCHINA.
È PENSAVO AL MOMENTO È IL
ZIO NON SI VEDE.
COSA ERA SUCCESSO. ARRIVO
VICINO È VEDDO SOLO LA SUA
MANO DI SUO ZIO.

SPAVENTOSAMENTE HO DIO AIUTO
IL ZIO È SOTTO LA FRANA NEL
CANALE.
È SUBITO AL'ARMO A TUTTI
I VICINI È I POMPIERI È COME
LA CROCE ROSSA.
È RIUSCIRO PIANO PIANO
A TIRARE FUORI DAL PERICOLO.

È IL DOTTORE DISSO È TUTTO

219

A POSTO SANO È SALVE.
CIA SOLO FOTUNATAMETO
ALCUNE GRAFIE SULLA PELLA.

MA È MEGLIO CHE VIENE CON
NOI ALLA CLINICA PER POTERE
ESAMINARE TUTTO.
È LI DIAMO ANCHE UN PO DI
CALMANTE PER SICUREZZA.

È QUESTA È LA STORIA VERA
STORIA È DESTINO DEL'UOMO
GIA DATO DAL SIGNORE NOSTRO
OH NIPOTENTO SU QUESTO
MONDO.
BLÙ È PURO BELLISSIMO.

CHE È DOVUTO TANTO SOFRIRE
DURANTO TUTTO LA SUA VITA
ETERNAMENTO. CON TANTI

È SENZA NESSUNA MALATIE.
È PERAZIONI. CHE CERA SEMBRE
L'ANGELO CUSTODO A
PROTERGIOLO È ANCHE LA
MANO DI DIO A SALVARLO
DAI GRAVI PERICOLI DURANTO
IL SUO CAMINO.

È CE IL BEL PROVERBIO DEI
NOSTR CARI ATENATI.
CHE RACONDO, QUANDO È
ARRIVATO IL MOMENTO SI SPEGNA
LA LUCE DALLA CANDELA.
È DOBIAMO ANDARE ALLA
DESTRA DEL NOSTRO SIGNORE
DIO ONIPOTENDO.

NOI TUTTI SU QUESTO MONDO
BLU È BELLISSIMO CHE È.
MA ANCHE SE NOI NON VOGLIAMO

221

SÌ DOBIAMO VOLERE VOLARE
DOLCEMENTO VOLARE SUL'ALTRO
MONDO DA DIO.
TUTTI NOI CHE VIVIAMO SU
QUESTO MONDO.
MA ANCHE SE NOI NON VOGLIAMO
QUESTO È TUTTO.

GRAZIE PER LA VOSTA
PAZIENZA. PER QUESTI
POCHI RIGI, CHE VIO LETTO
PER QUELLI CHE NON
ERANO AL CORRENTO E ANCHE
PER QUELLI CHE LO SAPEVANO
GIÀ.
È STATO SOLO UN RIASSUNTO
PER TUTTI DAVANTO ALLA
PROPIA CAPPELLE DEL NOSTRO
CARO AMATO DA QUASI
NOI TUTTI.

ROCCO TARANTINO

ARRIVEDERCI. É CI VEREMO IN PARADISO.

CERANO LE CONTIGLIANZE ALLA FAMIGLIA DEL MORTO SEPELITO È PER TRADIZIONE. E VECCHIA USANZE DEL PAESO. COSI SI CERCAVO DI RITORNARE TUTTO ALLA VITA NORMALE. COME A TUTTI GIORNI DEL PASSATO. ECCEDERA.

IL GIORNO DOPO ERANO TUTTI UN PO TRISTI, È DEMORALIZATI. È CON GRANDO DISPIACERE. LA FAMIGLIA IN MAGAZINO A LAVORARE.
DEL DETTO IL GRANDO BOSSO È ANCHE TUTTA LA GENTE CHE ANDAVANO A COMBRARE LA

223

MERCIA SI NE DISPIACEVONO
MOLTO CHE ERA MORTO IL PADRE.

COSÍ CERCAVANO TUTTO LA
FAMIGLIA E I PARENTI DI
LAVORARE IL MEGLIO
POSSIBILE PER DIMENTICARE
IL BRUTTO IMOMENTI PASSATI.
DI SERVIRE I CHLIENTI.

CHE ERA L'ASCIATO ANCHE
MOLTA MERCIA DA CONSEGNARE
AI CHLIENTI PER LA CHIUSURA
DEL MAGAZINO. ERA STATO
PER IL LUTTO DEL PADRE.
SI DOVEVO ANCHE PER NECISITA
E DI CERCARE DI NON
PERDERE I CARI CHLIENTI
E DI NON DIMENTICARE.
CHE ERA ANCHE UNA

GRANDISSIMA RISPONSABILITA
SIA PER LA ZIENDA.
É ANCHE PER LA GRANDE
NUMEROSA FAMIGLIA CHE
AVEVO.
IL DETTO GRANDO BOSSO.
DISSO AI SUOI CARI.
ASSOLUTAMENTO DI NON
FARE PERDERE IL PRIMO
PREMIO GIA DALLE MANE.

CIOE IL PRIMO BEL PREMIO
DELLA PENISOLA.
E LA BELLISSIMA AMATA
ROSSA ANCHE TUTTI I
RAGAZZI CHE SOGNANO DI
POTERLA ACCAREZARE CON
LE PROPIE MANE.
É ALMENO UNA SOLA VOLTA.

ANCHE QUESTO. FU UNA GRANDE SODISFAZIONE PER I TUTTI I RAGAZZI CHE LAVORAVANO IN MAGAZINO DELL'AZIENTA SORRIDENTI E DICEVANO.

AL GRANDO BOSSO.
E DAI CORAGIO DAI, TI RICORDI DELLA PROMESSA CHE DAVANTI A TUTTI CHE CI HAI FATTO TU.
CERTAMENTO ERA LA BELLA ROSSA E IL PRIMO PREMIO. E. SI CONTINUO A LAVORARE E QUASO COME PRIMO.
GIORNI E GIORNI SEMBE DI PIU FINO A TARDA SERATA. PER ARRIVARE AL FATTURATO DEGLI ANNI PASSATO.

PER POTERE ORDINARE LA FAMOSA FERRARI ROSSA IL MITO.
CHE QUASI TUTTI NOI SOGNIAMO DA RAGAZZINI.

SI CERTO E ORA DI FARE TUTTO QUELLO CHE E SARA POSSIBILE PER POTERLA OTTENERLA.
ERA UN BEL GIORNO. AL SOLE.
IL DETTO GRANDO BOSSO STAVO SEDUTO DAVANDO AL SUO MAGAZINO AL SOLE CALDO ERA TANTO PENSIEROSO E SILENZIOSO.

NON AVEVO DETTO NIENTE AI AI SUOI RAGAZZI.
NORMALMENTO TUTTE LE SANTE

227

MATTINE DAVO I ORDINI IL COMPORTAMENTO DEL GIORNO.
ALLA TARDA SERA.
IL DETTO GRANDO BOSSO.

CHIESO AI RAGAZZI PER VAFORE ASCOLTATEMI TUTTI DOMANI NON CI SONO PRESENTO.
È QUESTI SONO LE ORDINZIONE DA CONSIGNARE DOMANI ALLE MATTINA PRESTO.
AI CHLIENTI CHE LI SERVE LA MERCIA URGENTAMENTO.
MI RACCOMANDO A TUTTI VOI.

DI STARE MOLTO ATTENTO CON I CHLIENTI È DI ESSERE COME SEMBRE CON TANTE GENTILEZZA È CERCARE CHE TUTTO FA BENE.

L'UOMO LA DOLCE VITA BRUCIATA

IO SONO CON LA SPOSA AL NORD PER AFARI DELLA ZIENDA. LASCIAMO PER UNA GIORNATA NEL NORD.
MI RACCOMANDO A VOI TUTTI OCCHI DI LEGNO ATTEZIONE È SEMBRO APERTO L'OCCHIO.

ALLA TARDA SERA DISSO ALLA CARA MOGLIE.
SAI CARA AMORE DOMANI MATTINA PRESTO. SE VUOI OH NON VUOI DEVI ESSERE ASSOLATAMETO A CANTO A ME PER AFFARI DEL NOSTRO COMMERCIO AL NORD DELLA PENISOLA.

CÈ UNA SOPRESA CHE TU LA VEDRAI.

229

SEI STATO SEMBRE COSÌ CHE ALMOMENTO TI VENGONO DELLE COSE STRANO IN MENTA PER ME SAREBE MEGLIO CHE MI LO DIRAI ALMENO UN PAIO DI GIORNI PRIMO CARO.

LO DOVESTO SAPERE CHE ALLE DONNE SERVONO DELLE COSE DI PIÙ DI UN UOMO.

SCUSA CARA MOGLIETTINA. LE SOPRESE SONO SEMBRE COSÌ. È COSÌ SARANNO SEMBRE. È SE SI DIREBERO PRIMO NON SONO PIÙ SOPRESE. CARA. SAI UN PAIO DI GIORNI A PASSARE FUORI DALLA ZIENTA. CI FARA ANCHE BENE A TUTTO È DUE.

ROCCO TARANTINO

È si ci ai sembe tu ragione alla fine
Al'alba si parti veloce via atostrada del sole direzione nord certo velocemento. Per arrivare più presto possibile alla fabrica.

Che ci avevamo l'apuntamt con il direttore.

La moglie chieso per la strada. Quando tempo ci vuole per arrivare.
Devi avere alcune ore di pazienza cara mia.

Per poterla vedere la bellissima vera promessa.

231

LASCIERAI SENZALTRO CON LA BOCCA APERTA È SENZALTRO PER ALCUNI MINUTI. È NON RIUSCIRAI A CHIUDERE LA TUA BOCCA.
È SEI ANCHE SENSA PAROLE.
È VEDRAI COSA SARA.

PROPIO COSI FU DOPO DI QUEI PICCOLI DISCORSI IN MACCHINA.
AL MOMENTO MESSO LUI LA FRECCIA A DESTRA UNA FRENADA BRUSCOSA. ELLE GOMME FISCIAVANO È FUMIGIAVANO. DOVE VAI HAI SBAGLIATO.

NO CARA SIAMO QUASO GIA ARRIVATO.

L'UOMO LA DOLCE VITA BRUCIATA

LA DOVE C'È LA GRANDISSIMA
BELLA SOPESA.
SARANNO SOLO UN PAIO DI
KILOMETRI. MA SARA MEGLIO
DI CHIUDE I TUOI OCCHI
ADESSO.
E LI APRIRAI SUL POSTO
DAVANTO ALLA FABRICA
DELLA SOPRESA CHE LA SARA.
LA SOPRESA VERA.
VA BENE CARO.

ORA SIAMO SUL POSTO.
E APRI GLI OCCHI TUOI ADESSO.
CERCHI DI NON SVENIRE CARA.
PER LA BELLISSIMA ELEGANTA
ROSSA FERRARI.

CHE NOI TUTTI SEMBRE.
DA BAMBINO SOGNAVAMO.

233

ADESSO SIAMO DAVANTO ALLA BELLA REALITA VERA.

IL DIRETTORE È ANCHE I ORGANIZATORI OFRIVANO UN GIRO PER DENTRO LA FABRICA. È DOPO UN GIRO DI PRAVA PER, TUTTE DUE CERTO CON LA VOSTRA GRANDE ROSSA FERRAI.

LA MOGLIE NON RIUSCIVA A CAPIRE PROPIO DI NIENTE. È POTEVA GRIDARE È NE A PARLARE. ERA COME UN BLOCCO DI GIACCIO È DIVENTATA BIANCA DI VISO. PER LA INPENSABILA VERA SOPRESA. FERA

IL DIRETTORE DELLA FABRICA
DISSO SIGNORA TUTTO BENE È
ECCO UN BICCHIERO DI ACQUA
PREGO SINGNORA.
NON È UN VERO SOGNIO.
CHE LEI È DAVERO DA VANTO
LA FERRARI ROSSA BELLISSIMA.

PREGO TOCCATELA PURO CON
LE VOSTRE MANE.
È UN GIOELLO UN MITO CHE
AVETO ACQUISTATO SIGNORA.
UN SOGNIO È DIVENTATO PER
VOI DUE VERO OGGIO.

ECCO LE CHIAVE PER FARVI
GIRO PER LA CONOSCIUTA
CAPELLA.
È DOPO CE UN RINFRESCO
AL FAMOSO BELLO RISTORANTE

235

FERRARI BUONA FORTUNA È TANTE GIOIA.
DOPO IL PRANZO DISSO IL DIRETTORE VI AUGORO UN BUON RITORNO A CASA VOSTRA.

CON QUESTO MITO FERRARI CHE MOTISSIMI SOGNANO.
SONO FELICE PER VOI CHE UN SOGNO E DIVENTATO VERO.

DI NUOVO BUON VIAGGIO CON LA FAMOSA ROSSA.
È UNA BELLA COSA CHE QUANDO SIETE PER LE STRADE D'ITALIA.
CON LA GRANDE ROSSA FERRARI.
POTETE ANDARE VELOCEMENTO CON LA ROSSA.

TUTTI VI SALUTANO È VI
DARANNO ANCHE LA PRECEDENZA
PER PASSARE VELOCE AVANTO.

ANCHE LA POLIZIA STRADALE
VI FARA VIA LIBERA COME
SEMBRE. CHE CI RACCONDANO
PER TELEFONO.
PER L'ORO SEMBRE UN GRANDO
ONORE DI VEDERE LA BELLISSIMA
MACCHINA È UN MITO.
PER LA STRADA È APLAUDIRANNO
SEMBRE.

È UN GRANDO ORGOGLIO
PER TUTTI L'ITALIANI NEL
MONDO.
SCUSATE DI NUOVO BUON
VIAGGIO È TANTI AUGURI.
DOPO LA GRANDE SOPRESA PER

237

SUA CARA MOGLIA. GRAZIE
DISSO PER LA IN ASPETABILE
SOPRESA.
È MILLE BACI CARO MIO
AMORETTINO.

IL DETTO GRADO BOSSO È
IO SPERO CHE SEI CONTENTA.
SI CERTO CONTENTISSIMA È
SARANNO, ANCHE TUTTI NELLA
FAMIGLIA CONTENTI.
ANCHE I RAGAZZI DELLA
ZIENDA
ALLORA SAI CARA TU GUIDA
LA TUA MACCHININA.
È IO VADO VELOCEMENTO
PER COLLAUDARE LA GRANDE
ROSSA.
CERCO DI ARRIVA IL PIÙ
PRESTO POSSIBILE NELLA

VECCHIA TANA. CI VEDIAMO
A CASA DI TUA MADRE.
SALIRAI IN QUESTA BELLISSIMA
FERRARI ROSSA.
È ANDIAMO CON QUESTO MITO
PIANO E PIANO A CASA NOSTRA
DAVANTO ALLA ZIENDA.

PER PRESENTARE LA VERA
GRANDE SOPRESA PROMESSA.

DEL GRANDO BOSSO.

A TUTTI I RAGGAZZI È ALLA
NOSTRA CARA FAMIGLIA COSI
VEDRANNO A NOI DUE DI
ARRIVARE AVANTO LA CASA
È LA ZIENDA CON LA GRANDE
BELLISSIMA ROSSA.
VEDIAMO COSA DIRANNO.

239

PENSO CHE SARANNO TUTTI
A BOCCA APERTA A GUARDARE
E NON RIUSCIRANNO A DIRE
PROPIO NIENTE.

ECCOLA ORA LA ROSSA
BELLISSIMA FERRARI.

CHE NOI TUTTI SOGNAVAMO,
LA VERA PROMESSA È DIVENTATO
VERO.
NON È PIÙ UN SOGNO CHE DA
RAGAZZINI SOGNAVAMO.

OR LA POTETE ANCHERLA
GUARDARE E CON LE VOSTRE
MANI DOLCEMENTA
ACCAREZZARLA E SEDERVI
DENTRO.
DOMENICA È SEMBREDO

240

PER TUTTI NOI È DI POTERE
FARE I GIRI PER I PAESINI
D'INTORNI.
COME IO VI AVEVO PROMESSO.
È SEMBRE UNA PROMESSA CARI.

TUTTI A BATTERE LE MANI
DICENTO BRAVO.
GRANDO BOSSO BRAVO SEI
DI PAROLA.
LA VERA PROMESSA È ADESSO
DAVANTO A NOI VEDIAMO I
DIRETTORI CATTIVI DELLA
FRABRICA.

COSA PER A BELLISSIMA ROSSA.
CHE CI L'ABIAMO LO STESSO
COMBRATO SENZA DI L'ORO.
FRA DI NOI GRANDO LAVORO
È TANTO SUDORO. PER GIORNI È

241

NOTTE. CHE L'ORO SI ANNO
TIRATO INDIETRO PER LA
INDIRETTA PUBLICITA.
PER PAURA DELLA CONCORENZA.

MA SI SA CHE SONO SEMBRE
TUTTE BUGIE MAFIOS... PER
ABITUTINE VECCHIE E ANTICHE.

È ORA DELLA FESTA PROSECCO
ABONDANTAMENTO PER TUTTI
È ABAGNIAMO LA ROSSA
TANTI AUGURI GIOIA E FELICITA
BEN VENUTA IN FAMIGLIA.
È VIVA LA ROSSA FRA DI I
FILMINO FOTO FESTA CON LA MUSICA
AL VIVO FINO AL' ALBA.
È STATO UNA BELLA VERA
PROMESSA.
DOMENICA CERCHIAMO DI ORGANIZARE

CON I CARI AMICI DI FARE UN LUNGO CORSO PER QUESTI PAESI VICINI.
PER ACONTENTARE TUTTI I CARI APASIONATI CHE AMANO LE BELLE MACCHINE SPORTIVE.

ALLA FINE DEL'ANNO CERA LA SOLIDA PRESENTAZIONE DEL PRIMO PREMIO COME TUTTI I ALTRI ANNI PASSATI.
PER VEDERE CURIOSAMENTO A CHI VENIVO ASSEGNATO QUESTA VOLTA IL GRADINO PIÙ ALTO CHE CERA.
ERANO TUTTI MOLTO CURIOSI A CHI VENIVO DATO IL PREMIO

POCO DOPO ARRIVARONO I DIRIGENTI DELLA FABRICA.
BUON GIORNO A TUTTI È BEN

243

VENUTI. É INIZIAMO SUBITO
COME IL SOLIDO PASSATO. CON IL
TERZO PREMIO VA QUESTO
ANNO. ALLA ISOLA PIÚ BELLA.
A PLAUSI AUGURI PER I BRAVI
RAGAZZI.
IL SECONDO PREI VA AL NORD.
DEL BEL PAESO.
AUGURI E APLAUSI PER TUTTI
VOI BAVI RAGAZZI.
MA ADESSO LA PIÚ BELLA COSA
É IL PRIMO GRADINO PIÚ ALTO
VA AL SUD DELLA NOSTA
PENISOLA.
UN FORTISSIMO APLAUSO É
TANTI AUGURI.
É BUONA FORTUNA A TUTTI I
BRAVI RAGAZZI DELLA ZIENDA.

BRAVO É BRAVO CI HAI COMMESSO

ROCCO TARANTINO

SIGNORI É SIGNORE SCUSATE PER UN MOMENTINO DI ATENZIONE SE È POSSIBILE.

CE UN ANUNCIO DA FARE DEL DETTO IL GRANDO BOSSO.

É MANTENUTA LA SUA BELLA PROMESSA DEL' ANNO PASSATO.

È LA VERA PROMESSA STA FUORO DAVANTO ALLA ENTRADA DELLA SALA.

MA CHE COSA POTEVO ESSERE. CERTAMENTO SOLO LA GRANDE FERRARI BELLISSIMA ROSSA. CHE DA GIOVANOTTO SEMBRE SOGNAVO.

SIGNORI É CARE SIGNORE GRAZIE A TUTTI VOI. E ORA POTETE GUARDARLA LA ROSSA FERRARI È

L'UOMO LA DOLCE VITA BRUCIATA

VI AUGURO UNA BELLA SERATA.
È AL PROSSIMO ANNO È BUON
DIVERTIMENTO NATURALMENTO
CON LA BELLA MUSICA AL VIVO
A BALLARE BERE È MANGIARE IL
BUFFETTO CERTO ERA APERTO
FINO AL'ULTIMA ORA APERTO
PER TUTTI PRESENTI.

IL DETTO GRANDO BOSSO
CHIESO AI RAGAZZI CERTO CHE
SIAMO STATI FORTO.
A LAVORARE E DIMOSTRATO
CHE SIAMO UNA VERA UNITA.

COME ANCHE IL PROVERBIO CHE
RACONDA.
L'UNTA FA LA FORZA.
È ANCHE PIÙ CORAGIOSO È
MIRACOLI.

ROCCO TARANTINO

ALLORA RACI RAGAZZI È
DOBIAMO ANCHE IL PROSSIMO
ANNO DI PRENDERE IL PRIMO
PREMIO DELLA NOSTRA PENISOLA.
È A TUTTI I COSTI.
CIOÈ IL GRADINO PIÙ ALTO
CHE CÈ.
È IL PRIMO PREMIO DACCORDO.
RA... SI CERTAMENTO.
CI LA FACCIAMO.

ALLORA CARI RAGAZZI È
QUASO MEZZANTTE. È ORA
DI ANDARE A DORMIRE.
SI CERTAMENTO. È BUONA
NOTTE È A DOMANI CARI.
È TUTTO CHIUSO IL MAGAZINO
SI SEMBRA DI SI.
È TUTTO IN ORDINE.
SUBIT ENTRO IN CASA CHIESO

247

ALLA MOGLIE È PROTO PER
CASO LA CENA.
SI È GIA TUTTO PRONTO.
SAI CARA STASERA SONO MOLTO
STANGO DA MORIRE.
SOLO UN PO DI INSATA MISTA
È OLIVE VINO FORMAGGIO
SI È GIA TUTTO PREPARTO IN
TAVOLA.
CHIAMI I RAGAZZINI CHE
CECENIAMO TUTTI IN SIEMO.
SI VA BENE. CARA MIA.
SAI STASERA MI SENTO TANTO
STANGO.
È GUARDO IL TELEGIORNALE
DELLA MEZZANOTTE. CHE
OGGIO NON SONO AVUTO UN
PO DI TEMPO PER ACSOLTARE
LE NOTIZIE.
SIA PER RADIO È PER TELVISIONE.

RISPOSA LA PICCOLA CARINA BAMBINA. SÌ CARO PAPINO TI FACCIO IO COMPAGNIA CHE OGGIO POMERIGGIO SONO DORMITO PIÙ DI UNA ORETTA.
DOPO IL TELEGIORNALE DELLA NOTTE ANDIAMO INSIEMO AL LETTO IN MEZZO A TE È MAMMA. MI PIACE MOLTO CHE CE SEMBRE UN BEL CALDUCCIO IN MEZZO A VOI DUE.

POPO LA CENA STAVANO A GUARDARE IL TELEGIORNALE INSIEMO ALLA SUA PICCOLA È I ALTRI ERANO GIA ANDATO TUTTI A LETTO.

AL MOMENTO CROLLO SUL LATO DESTRO DEL DIVANO È LA

249

LA PICCOLA CHIAMAVO PAPA
È PAPA COSA SUCCEDE PERCHE
NON TI MUOVI È NON MI
RISPONDI. È SEI CON I OCCHI
APERTI CHE CE.

SUBITO CORSA VELOCE DALLA SUA
MAMMA VIENI PAPA NON PUO
PARLARE PIÙ.
COSA È SUCCESSO È SUBITO DIETO
AL'ARMO PER AIUTO.
IL DOTTORE, È LA CROCE ROSSA
I DOTTORE SUBITO DISSERO È UN
INFACTO È ANCHE MEZZO
PARALIZATO.

DOBIAMO PARTIRE SUBITO PER
LA CHLINCA È URGENTO PER IL
PRIMO INTERVENTO.
ADESSO POSSO SOLO FARE

250

UNA PUNTURA PER PROVIDENZA
PIÙ DI QUESTA NON POSSO FARE
PEL IL MOMENTO.
È SPERO CHE DIO L'AUTERA.

ALLA MATTINA PRESTO ERANO
TUTTI I PARENTI E LA FAMIGLIA
PRESENTI DAVANTO ALLA 7
È ANCHE I OPERAI CHE ERANO
ARRIVATO SUL LAVORO È
EDEVANO COSA ERA SUCCESSO
CHE SIETE TUTTI COSI SPAVENTATI

SI È PER IL NOSTRO GRANDO
BOSSO.
CHE A MEZZANOTTE È AVUTO
UN FORTO INFACTO.
È LASCIATO MEZZO CORPO
PARILIZATO.
È ANCHE MOLTO GRAVO NON

RIUSCIRA A CAPIRE COSA LI A
SUCCESSO. E COSA LI FA MALE
E NON PUO DIRE NIENTE.
NON RIESCE A PARLARE PER
LA PARALISA CHE E AVUTO.

DOBIAMO SOLAMENTE ASPETARE
AI ANANALISI DEI CONSIGLI
CHE CI DARANNI I MEDICI.
E CHE POSSIBILLITA CI SONO
PER UNA PRONTA GUARIGIONA
PER LUI.
DOBIAMO VEDERE URGENTEMENTO
UN POSTO LIBERO NELLE
CHLINICHE E ANCHE MOLTO
DIFICILE PER UN POSO ADATTO.
PER LE SUE TERAPIE CHE SONO
URGENTE.
IL PIÙ PRESTO CHE SARA E
MEGLIO E PER UNA BREVE

ROCCO TARANTINO

GUARIGIONE E MOLTO URGENTO PER LUI È TORNA A CASA IL PIÙ PRESTO POSSIBILE CHE SARA. LA MOGLIE SPERAVO. DI RIUSCIRE A TROVARE UNA CHLINICA ADATTO PER LE SUE TERAPIE IL DOTTORE CONSIGLIAVO DI PORTARLO CON LA CROCE ROSSA PER IL LUNGO VIAGGIO.

DOPO DI ALCUNI ORE SI ARRIVO ALLA CHLINCA PREFERITA.
I DOTTORI ERANO GIA STATO INFORMATO.
DEL DETTO GRANDO BOSSO.
CHE ERA MOLTO GRAVO DELLO INFALTO GRAVO E CHE ERA ANCHE META DEL SUO CORPO PARILIZATO.
AL' ARRIVO IMEDIATAMENTO

253

INIZIARONO CON LE PRIME
VISITE E ANALISI TERAPIE PIÙ
NECESSARIO COSÌ GIORNI PER
GIORNI E NOTTE.
TENUTO SEMBRE SOTTO CONTROL.

PER VEDERE SE CERANO DOPO DI
ALCUNI GIORNI DI TERAPIE.
DISSERO I DOTTORI CI SONO DELLE
PICCOLE MIGLIORIE.
MA ANCHE DELLE BUONISSIME
SPERANZE GIORNALMENTO.
LA FAMIGLIA ERA CONTENTO
PER LA MIGLIORAZIONE.
DEL GRANDO BOSSO.
ERANO SOLO DISPIACIUTO CHE
NON RIUSCIVO ANCORA A
PARLARE.

I MEDICI CI DAVANO BUONE

SPERANZE CON IL TEMPO E LE
TERAPIE RIUSCIRA A PARLARE
BENE.

È COSÌ SI SPERAVO ANCHE
IN FAMIGLIA DI POTERE TORNARE
A CASA SUA IN FAMIGLIA PER
POTERE DARE I CONSIGLI PER LA
ZIENDA.
PER LA MOGLIE ERA DIVINTATO
MOLTO DIFICILE.
A PORTARE LA ZIENTA AVANTO.
COME FACEVO LUI CIOE

DETTO IL GRANDO BOSSO.
MA I MEDICI CI DAVANO ANCHE
DELLE BUONE SPERANZE CHE
POTEVO SENZ'ALTRO IN OTTIMA
SALUTE E ANCHE DI POTERE
LAVORARE NELLA SUA ZIENDA.

255

IL DETTO GRANDO BOSSO.
UNA NOTTE INPROVISAMENTO
ARRIVO UNA BRUTTA TELFONATA.
DALLA CHLINICA PREFERITA
DEL NORD.
CHE SUO MARITO AVEVO
UN ALTRO REINFALTO È ANCHE
I MEDICI NON RIUSCIVANO A
CAPIRE PIÙ NIENTE.
CHE LUI IL GRANDO BOSSO
SI ERA STABILITO BENE DI
SALUTE.
È LE ANALISI ERANO BUONISSIME
È ANCHE LA SUA FAMIGLIA
ERA SCIOCATO PER LA MALA
BRUTTISSIMA NOTIZIA NELLA
NOTTE AVISATO DALLA CHINICA.
DEL NORD.

DIO HO DIO QUESTA MALISSIMA

256

ROCCO TARANTINO

NOTIZIA AVISATO NELLA NOTTE.
DALLA CHLINICA DIO CARO DIO
QUESTA BRUTTISIMA MALA
NOTIZIA NON LA SPETAVAMO
MAI NESSUNO NO MAI DELLA
NOSTRA FAMIGLIA.

UNA MALA NOTIZIA DEL GENERO
DI CE VA LA MOGLIETINA.

MA PUR PROPPO NON CI FU
PIU NIENTE DA FARE PER IL
DETTO GRANDO BOSSO.
LA SUA VITA ERA FINITO PER
ETERNO.
ERA ARRIVATO CHE LA LUCE
DELLA CANDELA.
SI ERA SPENTO, PER DESTINO
DATO DA DIO PER ETERNO.

257

L'UOMO LA DOLCE VITA BRUCIATA

È QUESTA LA VERA NOSTRA
VERISSIMA VITA?
CHE È GIA PRIMO DI NASCERE È
DESTINATO IL NOSTRO CAMINO
SU QUESTO PIANETO BLU È
PURO BELLISIMO.

IL PROVERBIO ANTICO RACONTO
CHE L'UMMO CASUALMENTO È SOLO
DI PASSAGIO COME I UCCELLI CHE
VENGONO A PASSARE LE BELLE
ESTATE.
È FANNO I LORI NIDI È CRESCONO
I SUOI UCCELLINI.
È PRIMO CHE ARRIVO L'INFERNO
È I GELI È NEVE.

VOLANO DI NUOVO AI LUOGI
DI CHE E PARTITO ANDI PRIMO.
È ANCHE UNA COSA SIMILE

258

ROCCO TARANTINO

A NOI CRISTIANI. CHE VENIAMO
A VIVERE SU QUESTO PIANETO
BLU E PURO BELLISSIMO.

PER UN CERTO DETERMINATO
DI TEMPO.
E POIO DOBIAMO VOLARE PER
SEMBRE VOLARE VIA AL'ALTRO
CHIAMATO MONDO.

ALLA DESTRA DEL NOSTRO
PADRE NOSTRO IN CIELO PER
ETERNAMENTO.
SI È COSI PER TUTTI NOI CRISTIANI
È UNA COSA TRISTISSIMA DI
LASCIARE A TUTTI NOSTRI CARI
DI FAMIGLIA.

DEI BENIFICI FATTO DURANTO
LA PERMANENZA SU QUESTO

259

DEI BENIFICI FATTO IMRANDO
LA VITA SU QUESTO PIANETO
PER FAMIGLIA È BUTTO È MOLTO
DOLOROSA A PERDERE UNA
CARA MAMMA È PADRE.

MA COSÌ E LA VERA VITA VERA
I. RUOTA CHE GIRA LA RUOTA
GIRERA PER TUTTI NOI SEMBRE.

SIA PER IL BENE E ANCHE PER
IL MALE. NELLA NOSTRA CARA
VITACCIA.

È COSÌ ERA STATO IL DESINO
DEL DETTO IL GRANDO BOSSO.
DI TORNARE ALLA SUA CARA
CASA NATIVO.
IN UN TAVUTO DI LEGNO . CERTO
PER FARE LA SUA ULTIMA

presenza sulla barra per salutare a tutta la sua cara numerosa famiglia di Quele cinque figli che lui amavo tantissimo.
È come a tutti i cari suoi parenti

Lui era molto bene voluto da tutto il paeso vivento.

Il giorno che fù seppelito al paeso nativo cerano centinaio di persone per il ultimo saluto d'onore.
Con tantissimi fiori corone è girlande è tantissini mazzolini di fiori.
Che mettevono sul Tavuto

261

AVANTO ALLA TOMBA DELLA
CAPPELA PRIVATA.
DELLA FAMIGLIA CHE AVEVANO
COSTRUITO INSIEMO A SUO
CARO PADRE.

È ANCORA OGGIO NELLA L'ORO
CAPPELLA SEPPELITO FINE A
QUANDO L'AUTORIZAZIONE DARA
IL PERMESSO DI PORE SFOSSARLO.

COSÌ E ANCH OGGI QUANDO SI VA
AL CIMITERO. A METTE I FIORI
LA CERA CERTAMENTO PER
TUTTI I NOSTRI CARI MORTI.
CHE SONO SEPOLPI NELLA
CAPPELLA.
CHE FURONO NEL CIMITERO
SEPOLTI DA TANTI ANNI FA.
MA FA MALE ANCHE OGGIO IL

L'UOMO LA DOLCE VITA BRUCIATA

CUORE E LACRIME NEI OCCHI È TANTI DOLORI È DISPIACERE SI PENSA SEMBRE AL PASSATO CHE ERA MOLTO BELLO ASSERO IN SIEMO A TUTTI L'ORO. E SI PENSA ANCHE ALLE FESTE CHE ERAVAMO TUTTI INSIEME È PRESENTI.

A UNA TAVOLA LUNGA CON TANTE ALLEGRIA PER BERE MANGIARE CON TANTISSIME BELLE COSINE FATTO I CASA CERA UN PROFUMO È SAPORE È UN INGREDIBILE ODORO SONO COSE CHE NON SI POSSONO DIMENTICARE NELLA NOSTRA VITA.

MAI È MAI È LASCIATO

263

PER SEMBRE QUELLA CERTA
ACQUELINA IN BOCCO.
CERTO È INDIMENTICABELE
LA CUCINA ITALIANA E
MEDITERRANEO.

COSÌ È FINITO ANCHE PER IL
DETTO GRANDO BOSSO.
LA VITA SUA ERA IL DESTINO.

NO NON È ASSOLUTAMENTO
QUESTA.
LA VITA DATO. DA DIO NOSTRO
SIGNORE ONIPOTENTO SU QUESTO
MONDO BLU È PURAMENTO
BELLISSIMO.

È SOLO UNA INVENZIONE
CREATO DAL GRANDO POTERE
IMPERIALISMO MONDIALE.

CON I LAVAGIO DI CEVELLE
ABITUA A INGANNARE L'UOMO
LUI CREDO DI CORRERE E SUDARE
PER LA SUA FAMIGLIA.
E PER LA ZIENDA CREATO CON LE
SUE MANI.
ACCORRERE SEMBRE DI QUA
E DI LA. PER CERCARE DI
ANDARE AVANTI PER IL MEGLIO
CHE ERA POSSIBILE PER VIVERE
MEGLIO CON LA FAMIGLIA
NUA CHE ERANO IN CINQUE
FIGLI E PIU DUE DI L'ORO IN
TUTTO ERANO IN SETTE.

PER PORTARE AVANTO ERA
MOLTO DIFICILE DI POTERE
ACCONTENTARE A TUTTI IN
FAMIGLIA.

ANCHE QUANDO ERANO
ANCORA VIVO I SUOI CARI
GENITORI LI DICEVANO SEMBRE.
AL GRANDO BOSSO.
VAI PIÙ PIANO CHE TU STAI
FACENTO MOLTISSIMI LAVORI
PESANTI.
DALLA MATTINA PRESTO FINO
A MEZZANOTTE CARO FIGLIO
NON È BUONO PER NIENTE BUONO
PER LA TUA SALUTE.
ATENZIONE CHE PRIMO HO
POI CROLLERAI PER TERRA.

DIMI POIO COME FAI. CHI TI
PORTA LA ZIENDA COSI
GRANDE DEL GENERO AVANTO.

VEDI LA TUA MOGLIETINA NON
CIA PROPIO PER NIENTE

INTERESSO. E LEI NON CI LA PUO FARE.
A DIRIGERE TUTTO QUESTA ZIENDA GRANDE.
PENSICI CHE E UNA DONNINA È CIA SOLO FANTASIA IN TESTA È SEMBRA CHE STA SULLE NUVOLE VOLANDO.

E LA CASA E CINQUE FIGLI DA PORTARE AVANDO.
IL FIGLIO ALLORA DELLA SUA MORTE.
SI CERTO MA NON È ASSOLUTO IL CASO FERMARMI NE RURO DI FARE LA ZIENDA PIÙ PICCOLA.
SONO PRESO GIA TUTTI QUESTI IMPEGNI È NON CI SONO PIÙ ALTRE SCELTE.

267

ADESSO. HO VA HO LA SPACCA
DISSO ALL'ORA CHE VIVEVO.

IL DETTO GRANDO BOSSO.

AI SUOI CARI GENITORI ALLA
SUA EPOCA VIVENTI.

ALLORA I SUOI GENITORI
RISPOSERO SI TU LA PENSI
COSI. CHE DIO TI LA MANDA
TUTTO BENE.
E TI AIUTO FORTUNATAMENDO
QUANDO FU LA MORTA
DEL DETTO GRANDO BOSSO.

I GENITORI SUOI NON ERANO
PIU VIVI.
FU ANCHE BENE COSI
CHE NON ANNO VISTO.

268

LA MALISSIMA FINE FATTO
DEL CARO FIGLIO.
AL EPOCA VIVENTO DEL DETTO
GRANDO BOSSO.
È ANCHE DELLA GRADE
ZIENDA CHE È ANDATO
MALISSIMO È IN FALLIMENTO.

È SUCCESSO PROPIO COSI
COME AVEVANO GIA DETTO I
SUOI GENITORI.
PRIMO DELLA L'ORA MORTA
A L'ORO FIGLIO. COSI È LA
FAMIGLIA NUMEROSA.
DEL FU DETTO AL EPOCA

IL GRANDO BOSSO.

VIVONO ANCHE OGGI AL LORO
PAESO NATIVO È ACHE TUTTI

269

SENZA LAVORO FISSO.
È SI SA AL SUD ITALIA NON
CE LAVORO QUASO PER
NIENTE.
SENSA DI UNA BUONA
CONOSCENZA É CONBAGNIA.

E COSI ANCHE OGGI VIVONO
DISPERATAMENTI.
ALLA GIORNATA CIOE È UN PO
UNA PARTE.
È UN PO AL'ALTRE PARTE
PER SOPRA A VIVERE.
È LA ZIENDA DEL FÙ DETTO
GRANDO BOSSO. FINERA.

PROBALMENDO ANTRA AL'ASTA.
È SI VEDRA. CHI ANDRA A
COMBRARE LA BELLA NUOVA
ZIENDA.

È CREATA CON GRANDO SUDORO
LAVORO DURO È MOLTA RABIE
CON TANTO SONNO PERSO
PER MOLTISSIMI ANNI DEI
VERI SACRIFICI FATTO NELLA
SUA VERA VITA.

È QUESTA LA NOSTRA VERA
VITA DISSO QUANDO LUI ERA
VIVO.
IL DETTO GRANDO BOSSO.
NON È QUESTA DATO DA DIO
SU QUESTO MONDO B. È
PURO SEMBRE BELLISSIMO.

MA NO NON È ASSOLUTAMENTO
QUESTA.
LA NOSTRA VERA VITA.
È NE ANCHE È IL NOSTRO
DESTINO CHE CI A DATO DIO

271

E SOLAMENTO UN INVEZIONE
DELLE RELIGIONE MONDIALE.
CHE CI FACCIAMO NOI TUTTI
ALLA GRANDE MANIPOLARE E
ANCHE LAVAGIO DI CERVELLI.
DAI POLITICI DAL GRANDO
CAPITALISMO MONDIALE.
È ANCHE DALLE MEDIE MODERNE
È SONO TELEVISIONE RADIO È
E I PEGIORI SONO I TELEFONINI
È INTERNET.

BANKE DEL COMMERCIO
MONDIALE IMPERIALISTE.

SI ALLA FINE DELLA NOSTRA
VERA VITACCIA SI LAVORA
CERTAMENTO PER GLI ALTRI
È MAI PER SE STESSO.
DISSO IL FÙ DETTO GRANDO

ROCCO TARANTINO

L'UOMO LA DOLCE VITA BRUCIATA

BOSSO. QUANDO ERA LUI O VIVO.
ALLORA È QUANDO SI VA AL
CIMITERO CHE COSA NOI VEDIAMO
IN REALTA NIENTE È SOLO NIENTE.

PIETRE DI MARMI È TOMBE
LAPIDE CON I NOMI DELLE MORTE
XX PERSONE È BASTA.

È SPESSO NON SI RIESCONO
NE ANCHE A LEGERE NOMI.

È CHI NON CI CREDERA A
QUESTO.
BASTA SOLAMENTO A CHIUDERE
I SUOI OCCHI PER POCI
SECONDI È VEDRAI LA VERITA
VERA.
CHHE NOI TUTTI SU QUESTO
MONDO. NON PO   !

273

ASSOLUTAMENTO NIENTE I LAVORI È I NOSTRI SACRIFICI NON SONO MAI FIORITI PER NESSUNO.
È ANCHE LA STORIA DI MILIARDI DI ANNI FA CACONDA CHE È STATO SEMBRE COSI È COSI SEMBRE SARA.
ETERNAMENTO SU QUESTO PIANETO BLU È PORO È BELLISSIMO.

È LA NOSTRA VITA È BELLA.

MA SOLAMENTO LA NOSTRA VERA DOLCE VITA DOLCE

È FAR NIENTE VAGABONDO GIRA MONDO GIRA MA OCCHIO DI LEGNO ATENZIONE.

274

ROCCO TARANTINO

ROCCO TARANTINO

L'UOMO LA DOLCE VITA BRUCIATA

DAS ORIGINALDREHBUCH

L'UOMO

LA DOLCE VITA BRUCIATA

STORIA VERA STORIA

NATO IN CASA PATERNA ANTICA PUR TROPPO A QUEI TEMPI ERA COSI.
ALLA MATTINA DELLA SUA PREVISTA NASCITA.
ERA CURIOSAMENTO MOLTO FREDDO È NEVICAVA FORTISSIMO. È PER NOI TUTTI PICCOLI BAMBINI ERAVAMO CERTAMENTO CONTENTI È FELICE DI POTERE CON LA NEVE GIOCARE È A SCIARE È ANCHE CON IL SLITTINO.
CHE NEL SUD DI L'ITALIA È MOLTO RARE CHE NEVICA MOLTO. NEVA.

È I ADULTI' ERANO MOLTO PREUCUPATI CERTO PER LA NASCITA DEL BAMBINO.
A PREPARARE LA ROBBA CHE NECESARIE ERA IN SIEMO AL DOTTORE È LA VAMMACE È SI SPERAVO CHE TUTTO ANDAVO BENE PER TUTTO I DUE.
IL BAMBINO NAQUE VERSO IL MEZZOGIORNO ERA UN BELLO MASCIETTO

1

SANO E SALVO CIOE SENZA CONBLICAZIONE
E TUTTI CONTENTI E FELICE È AUGURI
BACI BACI È MUSICA CON SPUMANTE È
CONFETTI PASTICCINE È TANTE ALLEGRIA.

IL GIORNO DOPO OGNUNO AL SUO DETTO
SANTISSIMO LAVORO.
È DOPO DI ALCUNE SETTIMANE ERA DA
BATTEZARE IL PICCOLO BAMBINO.
CERTAMENTO ERA VESTITO TUTTO IN BIANCO
COME LA ANTICA TRADIZIONE COMANDA
SIVA INCHIESA INSIEMO A TUTTA LA
FAMIGLIA È PARENTI È AMICI DOPO LA
CEREMONIA TUTTI INSIEMO A CASA DEI
GENITORI.
GIA CERA UN GRANDO BANGETTO
PER TUTTI I INVITATI E ANCHE IL
CONCERTO DI MUSICA AL VIVO ALLA
FINE DEL BANGETTO PER TRADIZIONE
USANZA ANTICA.
SI BALLAVA FINO A TARDA ORA PER
TRADIZIONE. E ALLA FINE CERANO COME
SEMBRE LA SPAGHETTA TRADIZIONALE
AGLIO È UOGLIO PERARUOL FURT.
COSI ERANO TUTTI CONTENTISSIMI E ANCHE
ALLEGRI. PER LA FESTA.
È ABBRACCI MILLE GRAZIE BACI BACI

BUONA NOTTE È SOGNI D'ORO A TUTTI.
IL GIORNO SEGUENTO ANCHE TANTO STANGO
CHE SI ERA TUTTI A FARE I SUOI
LAVORI DI CASA È DI CAMPAGNA.
È I BAMBINI A SCUOLA È COSI ERA
SEMBRE TUTTI I SANTISSIMI GIORNI.

A MEZZOGIORNO SI RITORNAVA DALLA
SANTA SCUOLA. SI PRANZAVO INSIEM
AI GENITORI È DOPO C'ERA IL OBLICATO
RIPOSINO DI CIRCA UNA ORETTA
PER ABITUDINA MEDITERRANIA È PER
USANZA.
È DOPO SI FACEVANO L'ELEZIONE DALLA
SCUOLA. È AL TARDO POMERIGIO SI
POTEVO GIOCARE ANCHE CON IL PICCOLO
FRATELLINO NOI ERAVAMO MOLTO
CONTENTI.
ALLA MATTINA CI PREPARAVA SEMBRE
LA NOSTRA MAMMA I CIBI PER IL
NOSTRO FRATELLINO È AL GIORNO CI
LITEGAVAMO È CHI LO DOVEVO DARE
LA MANGIARE E CAMBIARE I PANNOLINI.
È COSI SI PASSAVAMO IL BELLO TENPO
CHE ERA PER NOI ANCHE UNA BELLA
SPERIEZA PER IL FUTURO.
MA ERAVAMO ANCHE COME GENITORI

di riserva per il fratellino
nostro. Che era anche necessario
a quei tempi passati.
Non cerano le asile per i bambini
da tutte le parte del paeso.
È per noi era anche più bello alle
estate che andavamo dove lavoravano
i nostri genitori in campagna
è il bambino era felice è contento
ridevo è correvo a giocare con
i mille fiori è altre piantine di
campo.
Così era stanco è si adormentavo
più presto alla sera.
È così si continuavo per tutti i
santi giorni settimane è mesi per
anni è anni. La solida procedura.
Fino al settesimo anno del sua età.

Il primo giorno di scuola erano
anche quasi tutti i parenti
presenti. Con i cartocci pieni di
cioccolatine è pastarelle è altri
regalini.
Era come fosse una bella festa
bopolare paesana. Erano tutti vestiti
bellissimi con la divisa blu di

SCUOLA. OBLICATO. ERA PER TUTTI NOI GRANDI UN BELLO RICORDO.
È TUTTI I SANTISSIMI GIORNI SI ANDAVO DAVANTO ALLA SCUOLA A PRENDERE IL PICCOLO FRATELINO È TUTTI È TRE CORREVAMO VERSO CASA CHI ARRIVAVO PER PRIMO. ERA UNA BELLA GARA PER DIVERTIRCI È PER ARRIVARE SUBITO A CASA A PRANZARE.
CHE I NOSTRI GENITORI CI ASPETAVANO GIA CON LA TAVOLA PRONTA.
È DOPO PRANZATO COME SEMBRE SUBITO IL PESOLINO PER CIRCA UNA ORA.
È POIO LE ELZIONE DELLA SCUOLA È I SERVIZI DI CASA. È POIO SI POTEVO GIOCARE CON IL FRATELLINO È CON I AMICI È LE AMICHETTE. COSI SEMBRE ERA LA STESTA PROCEDURA.
GIORNI È SETTIMANE MESSI È ANNI.

CERTAMENTO È IL CAMMINO DELLA NOSTRA VERA CARA VITA.
IL TEMPO PASSA. È SI È ARRIVATO ANCHE AL GIORNO DELLA PRIMA COMUNIONE DEL CARO FRATELLO. ERA COME IL SOLIDO SI DOVEVO FARE LE PREPARAZIONE

Della chiesa è infidare i parenti è amici. È tutti insiemo si andavo in chiesa dopo la procedura. Si tornavo a casa dei genitori per festegiare tutti insiemo il banchetto era gia tutto preparato. È dopo la festa è via con la musica al vivo si ballavo fino a tarda ora per usanza tradizionale cera sembre alla fine la solida spaghettata aglio uoglio è peparuol furt.
Cosi erano anche tutti molto contenti è felice è allegria saluti è arrivederci baci mille grazie è buona notte e sogni d'oro carissimi

Il giorno dopo si riprendevo il vecchio giro della settimana i genitori si alzavano ben presto i servizi di casa è preparavano la colazione per tutti noi è per la scuola.
È di lavare bene le mani è di mettere la divisa della scuola che era oblicatoria.
Di essere puntuale alla scuola.
È i genitori come il solido a lavorare in campagna.

AL GIORNO QUANDO SI TORNAVO A CASA PER LA VIA SI GIOCAVO CON I RAGAZZI È PER CHIACHERARE È PER LE BELLE BARZELETTE È A RIDERE SEMBRE.
DOPO DI TANTO STUDIO SI ERA ANCHE FINALMENTO ALLE BELLE DESIDERATE VACANZE ESTIVE AL MARE BLÙ.

LE BELLE VACANZE ANCHE PER POTERE DORMIRE FINO A TARDA ORA.
È SENZA DI PENSARE AL'ELEZIONE È È DI POTERE GIOCARE CON I ALTRI BAMBINI.
È ALLA DOMENICA DI ANDARE AL MARE BLÙ È BELLO PER GIOCARE SUL MARE È ANCHE PER DIVERTIRCI SULLA SABBIA ERANO ANCHE GIÀ FINITO LE AMATE VACANZE BELLE. ESTIVE È CIAO CIAO MARE BLÙ. AMICI DELLA BELLISSIMA COMPAGNIA È ALLA PROSSIMA ESTATE ARRIVEDERCI.
CHE ERA ANCHE BELLO DI RITORNARE A SCUOLA PER SAPERE CURIOSAMENTO DOVE ERANO PASSATO I ALTRI BAMBINI LE L'ORO VACANZE.
IN MONTAGNE AI LAGI AL MARE OPPURO NELLE BELLE GRANDE CITTA.

ERA COSI GIA TORNATO LA VECCHIA ABITUTINE. ALLA MATTINA DI ALZARE PRESTO DI FARE COLAZIONE LA VARE BENE E DI METTERE LA OBLICATA DIVISA DI ESSERE PUNTUALE ALLA SCUOLA.

A MEZZOGIORNO DI CORRERE A CASA CHE LA TAVOLA ERA COME SEMBRE GIA TUTTO PRONTO PER PRANZARE TUTTI INSIEMO.

DOPO CERA IL SOLIDO RIPOSO PER CIRCA UNA ORETTA COME IL SOLIDO AL POMERIGGIO PER PRIMO L'ELEZIONE POIO SI POTEVO GIOCARE CON IL PICCOLO FRATELLO E AMICI COSI I GIORNI PASSAVANO VELOCEMENTO SENSA ANCHE ACCORGERE CHE ERANO ARRIVATO L'ETÀ ANCHE LA FINE DELLA SCUOLA NORMALE.

CHE SI DOVEVO ANCHE CRESIMARE.

DI DECIDERE DI CONTINUARE A STUDIARE OPURO NO.
LA CRESIMA SI INIZIO A PREPARARE TUTTO PER IL GIORNO DELLA CRESIMA QUELLO CHE SERVIVO DI INVITARE PER LA FESTA I PARENTI E AMICI

COME LA TRADIZIONE COMANDA È LA USANZA ANTICA. SI VA IN CHIESA E DOPO LA PROCEDURA SI RITORNA A CASA DEI GENITORI CHE E GIA IL GRANDO BANGETTO PRONTO PER POTERE FESTEGIARE TUTTI IN SIEMO CON LA MUSICA AL VIVO E FOTO E FILMINO PER RICORDO.
ALLA FINE SI BALLAVA SI BEVEVE E ALLEGRIA TUTTI CONTENTI E FELICE FINO A TARDA ORA. PER TRADIZIONE ALLA FINE CERA LA SPAGHETTATA A AGLIO E UOGLIO PEPARUOL FUORT. PER USANZA E TRADIZIONALE ANTICA. BACIESOGNI D'ORO E VIA TUTTI A CASA.

L'UNIVERSITA
PER POTERE CONTINUARE A STUDIARE SI DOVEVO ANCORA DECIDERE.
MA I GENITORI PENSAVANO CHE IL FIGLIO DOVEVO ANCHE AVERE UN FUTURO MEGLIO DEL L'ORO PASSATO. AL'ORA DEVE ANDARE A STUDIARE AL'UNIVERSITA DECISERO TUTTI IN FAMIGLIA.
IL RAGAZZO ERA MOLTO BRAVO AL STUDIO E RIUSCIVO TUTTI ANNI

9

à passare i esami molto facile.
i genitori è parenti erano molto
contenti che avevano un figlio
molto inteligento.
che studiavo anche fino a mezzanotte.
per il l'oro grando sacrifici dei
suoi genitori.

un po di tempo primo dei esami
del'università dissero i suoi cari
genitori al l'oro figlio sai che
cè una bella sopresa dopo del esami
è diplomo del università.
si può sapere adesso chieso il figlio.
no risposo il padre se lo diciamo adesso
non è più una bella sopresa caro.

la sopresa dopo che era stato gia
diplomato.
il giorno dopo cera un grando pacco
con il fiocco di nastro tricolore
davanto alla l'ora casa.
con una busta messa sopra al pacco.
carissimo figlio tantissimi auguri
per il diploma è per la tua intelizenza
è pazienza è tanta forza chi ci ai
messo.

L'UOMO LA DOLCE VITA BRUCIATA

LUI APRIVO IL GRANDO PACCO CON
ACCORTEZZA È PIANO PIANO ARRIVO ALLA
DI TUTTA QUELLA CARTA USCÌ UNA
BELLA VERA SOPRESA.
LA DESITERA VERA BELLA CINQUECENTA.
BLU È LUI SALTO STRILANDO È MILLE
MILLE GRAZIE È DOPO DI QUESTA BELLA
FIAT.
ARRIVERA ANCHE LA ROSSA GRANDE
FERRARI. È ABRACCIO I CARISSIMI SUOI
GENITORI. CHE BELLA IDEA.
È SUBITO A FARE UN GIRO DI PROVA.
CON LA BELLA FIAT CINQUECENTA PER
FARE INGELOSIRE I RAGAZZI È ANCHE
LE RAGAZZE DEL VECCHIO PAESO. CHE LUI
AVEVO AVUTO PER REGALO LA CINQUECENTA
È TUTTI GUARDAVANO CON I OCCHI
GRANDI È A BOCCA APE...

LE VACANZE BELLE ESTIVE AL MARE BLU
È SUI MONTI. UN PAIO DI GIORNI DOPO
PARTO PER IL MARE A PASSARE UN PO
DI TEMPO AL BEL MARE BLU È ALLA
SPIAGIA CON I AMICI È AMICHETTE PER
ANCHE FARE VEDERE IL MIO BEL REGALO
CHE LUI ERA RICEVUTO DAI SUOI CARI
GENITORI CHE ERA STATO BRAVO A STUDIARE.

È lui avevo anche già il contratto di lavoro per la fine del'estate presso una grande ditta nella penisola.
È grazie a Dio per questa fortuna.
Alla sera tarda si andavo anche a festegiare nelle discoteca al'aperto nelle pinete che era più bello è più fresco fino a tarda ora.
Il primo giorno di lavoro dopo di tanti anni di scuola è di studio.
Era anche il primo vero sudoro sul lavoro.
Dopo l'infanzia è da giovanotto è già adulto per essere un vero forto duro momo.
È così inizio la vera lotta della vitaccia.
Così deciso per fondare una propia zienta è anche per fare contenti i suoi genitori. Così si cerco un accordo per il mutuo bancario per il credito ci fù un accordo con la famiglia è la banca è tutti erano contenti.

PER LA ZIENTA SI INIZIO A FARE I PRIMI PASSI E I PRIMI LAVORI CON IL COMMERCIO CONTENTI E ALLEGRIA IN FAMIGIA SI LAVORAVO BENE AL'INIZIO E PROCEDEVA TUTTO NORMALE PER TUTTI I GIORNI SETTIMA MESI E PER ANNI E COSI VIA SEMBRE

ALAMBO SI INNAMORO IN PIAZZA DEL PAESO NATIVO DI UNA SIGNORINA ELEGANTE SINPATICA AMOROSA BALLERINA.

SI ERANO FREQUENTATI PER DIVERSO TEMPO IL FIDANZAMENTO GIRANTO CON LA BELLA QUEDENTA PER I GIARDI E VILLETTE IN DISCOTECA E PER LE PIAZZE. IN UFFICIALE.

UN BEL GIORNO DECISERO I DUE DI ANUNCIARE IL FIDANZAMENDO ALLE L'ORE FAMIGLIE OFFICIALMENTO E ANCHE PRESTO DI SPOSARE.

I GENITORI DE GIOVANOTTO ERANO TOTAL CONTRO PER MOTIVO ANTICO FAMIGLIARE E CI FU UN TEATRO E VARIETA E ANCHE GRANDE MINACCIE.

E COSI VIA. PUR TROPPO NON CI FU NIENTE DA FARE. I GENITORI DEL GIOVANOTTO DISSERO NON E UNA DONNA PER TE. E UNA BALLERINA E SOLA

PER SPETACOLI TEATRO È VARIETA È
PASSARELLE DI MODA. MA NON È PER LA
TUA ZIENTA È PER CREARE UNA FAMIGLIA
MA IL PROVERBIO ANTICO DICE QUANDO
DUE SI VOGLIONO CENTO PERSONE NON
POSSONO IMPEDIRE IL MATRIMONIO.
IL MATRIMONIO CI FU IN CHIESA ALLA
MATTINA PER USANZA MEDITERRANEO
SI VA ALLA CASA DEI GENITORI È DELLA
SPOSA. È TUTTI INFIDATI A PRENDERE LA
SPOSA VESTITA TUTTA IN BIANCO CON
IL VELO LUNGO PER ONORARE I GENITORI
È SPOSA. SI PARTE CON UN LUNGO CORSO
DI MACCHINE TUTTE INFIOCCATO DI
NASTRO TRICOLORE È SCUILANTO LE
TROMBE VERSO LA CHIESA ÈRA DECORATA
CON MILLE COLORI DI FIORI.
CON IL CORO AL VIVO CANTAVANO L'AVEMARIA

DOPO LA PROCEDURA IN CHIESA SI DAVANO
I PRIMI AUGURI FELICITA È FIGLI MASCIO
È ALLEGRIA È VIA CON FOTO FILMINO.
AL RISTORANTE PER GRANDO BANGETTO
ERANO TUTTI CONTENTISSIMI PER LA
GRANDE BELLA FESTA.
È SI METTEVANO IN FILA CON LE L'ORE
MACCHINE IN FIOCCATE PER FARE IL CORSO

ROCCO TARANTINO

TRADIZIONALE FINO AL RISTORANTE.
DAVANTO AL RISTORANTE C'ERA IL CONCERTO
AL VIVO PER TUTTO LA LUNGA
CERIMONIA PRESENTO E C'ERA ANCHE IL
FOTOGRAFO E TELECAMERA PER RICORDO
DEL MATRIMONIO.
E CERA QUASO TUTTO IL PAESO INTERO
PRESENTO PER TRADIZIONE.

ALLA FINE IL VIAGGIO DI NOZZE AL
MARE BLU CERTO DOPO DELLA GRANDE
SPAGHETTATA AGLIO E MOGLIO PEPARUOL
FURT. E FUOCO ARTIFICIALE E TUTTI
ALLEGRI CONTENTI E FELICE BACI BACIONI
ABRACCI E A. E FIGLI MASCIO.
SI PARTI CON TANTI BARATTOLI APPESO
DIETRO LA MACCHINA VELOCEMENTO PARTI
PER IL MARE BLU E TANTO DESITERATO.
PER DIVERTIMENTO E DOLCE A FAR NIENTE.
DOPO DI NOVE MESI GIA LA NASCITA CHE
TANTISSIMO DESITERATA LA BAMBINA
TUTTO SANE E SALVE MAMMA E FIGLIA
CIOE SENZA COBLICAZIONE E ALLEGRIA
FELICITA CON PROSECCO E DOLCETTI E
MUSICA.
ALCUNI GIORNI DOPO IL BATTESIMO PER
TRADIZIONE E USANZA VESTITO TUTTO IN

15

BIANCO SI VA ALLA MATTINA IN CHIESA
DOPO LA PROCEDURA SI TORNA A CASA
PER FESTIGIARE CHE IL BANGETTO ERA
GIA PRONTO CON MUSICA AL VIVO COME
SEMBRE FOTO FILMINO PER RICORDO SI
BALLAVA FINO A TARDA ORA.
ALLA FINE LA FAMOSA SPAGHETTATA À
AGLIO È MOGLIO PEPARUOL FURT.
TUTTI CONTENTI FELICE BACI BACI SOGNI
D'ORO È COSI VIA. A CASA.

IL GIORNO SEGUENTO SI CONTINUAVO
A LAVORARE GIORI PER GIORNI PER LA
ZIENTA È PER LA FAMIGLIA TUTTO
PROSEGUIVO BENE.
IL SECONDO FIGLIO IN ATESA UN MASCIO
ERA FREVERITO È DESIDERATO PER UN
AIUTO NELLA ZIENTA NEL FUTURO
PENSAVANO. TUTTI
PADRE È PATRONE È ANCHE QUELLO
CHE CERCAVO È DESIDERAVO.
IL DETTO GRANDO BOSSO DI NON AVERE
ASSOLUTAMENTO PROBLEMI CON I CHLIENTI
È I OPERAI DI SERVIRE A TUTTI COME
DIO COMANDA.
È COSI SEMBRE OCCHIO DI LEGNO SEMBRE
ATENZIONE. DI CONTROLLARE TUTTO È

ORDINARE LA MERCIA IN TENPO ANCHE SE ERA GIA MEZZANOTTE DISSO IL DETTO GRANDO BOSSO.

E POIO SI VA A LETTO I PROFETI DICONO CHE IL LETTO È COME UNA ROSA FRESCA SE NON DORMI MA SI RIPOSA.

SONO TUTTE COSE ELEMENTARE DELLA VITA.

UN BEL GIORNO DISSO IL DETTO GRANDO BOSSO.

SENTA CARA MIA I BAMBINI ANN DI BISOGNO DELLE VACCINAZIONE E UN CONTROLLO GENERALE. E PORTILE AL DOTTORE DI CASA E FAI UN CONTROLLO ANCHE PER TE CARA. SI VA BENE VADO DOMANI.

I RISULTATI SONO IN TRE GIORNI PRONTI SI VA BENE DOTTORE.

TRE GIORNI DOPO I RISULTATI SONO BENE MA SOLO PER LEI CHE E DINUOVA INCINTA SIGNORA.

CHE BELLISSIMA COSA OGGIO E PER ME AL RITORNO A CASA. SENTI CARO MARITINO SONO DI NUOVO INCINTA DI POCHI MESI E SONO CONTENTISSIMA E FELICE.

E SI ADESSO DI LAVORARE ANCHE DI PIÙ DI PRIMO SIA IN CASA E NEL MAGAZINO.

I GENITORI LASCIERANO MALE DELLA SOPRESA. MA ERA MEGLIO DI ASPETTARE UN PO CHE I ALTRI BAMBINI FOSSERE PIÙ GRANDI. LA NUORA RISPOSA CON VOCE ALTA. CI SONO TANTE FAMIGLIE NUMEROSE NEL MONDO. È VA BENE ANCHE COSÌ PER NOI.
A NOVE MESSI NACQUE IL TERZO BAMBINO UN MASCIETTO BELLO È SANO.
LA GRANDE LOTTA CONTINUA GIORNAMENTO PER TUTTA LA FAMIGLIA È DOBIAMO FABRICARE CHE IL SPAZIO NON CÈ. LA CASA È PICCOLA PER TUTTI NOI CARA.

DISSO IL GRANDO BOSSO.
IL TELEFONO SCUILLAVO ERA LA SUA CARA DAL'OSPETALE VIENI DOMANI A PRENDERCI CARO AMORE. SI VENGO IO DOMANI AL'OSPEDALE A PRENDERVI A VOI DUE CARISSIMI. BACI BACI CIAO A DOMANI.
IL GIORNO DOPO TUTTA LA FAMIGLIA ASPETAVANO CURIOSAMENTI DAVANTO LA CASA PER DARE I AUGURI È IL BEN VENUTO A CASA È ALLEGRIA È FELICITÀ CON LA SPUMANTE È DOLCETTI PASTERELLE CON LA BELLA MUSICA

AL VIVO FESTA È GIOIA DISSO IL DETTO GRANDO BOSSO. SI È COSÌ PROPIO COSÌ COME IL PROVERBIO DICE ANTICO.
LA LOTTA CONTINUA DI NON ARRENDERSI MAI È POIO MAI NELLA VITA.
LA ZIENTA ANTAVA MOLTO BENE È SI ESPANDEVO GIORNI PER GIORNI PER LA BELLA PUBLICITÀ GIÀ FATTO PRIMO È PER IL BELLO SERVIZIO VERSI I CHLIENTI TUTTI CONTENT IN FAMIGLIA.
LA QUARTA GRAVITANZA IN PROVISA.
DISSO NON SO COME TU LA PRENTI QUESTA VOLTA CHE SONO INCINTA DI ALCUNE SETTIMANE FÀ.
È NON TI ARRABIARE CHE DIO CI LA MADA NEL FUTURO TUTTO BENE CARO. È ALLEGRIA FELICITÀ IN FAMIGIA.

SAI CARA MI SEMBRA CHE NON FACCIAMO PROPIO PER NIENTE ATENZIONE SUL FATTORE DEL SESSO.
AI TEMPI DI OGGI CI SONO TANTISSIME POSSIBILITÀ PER EVITARE LA GRVITANZA.
SÌ CARO MARITO MIO IO VOGLIO TANTISSIMI FIGLI.
NON TI LO DETTO MAI PER PAURA CHE TU MI AVESSO LASCITA DIVORSITO

ABANTONATA CON TUTTI QUESTI BELLI
FIGLI. È COME FAREBO DA SOLA A
CRESCERE È A SOPRA AVIVERE DIMMI TU.
ABIA LA SANTA PAZIENZA PER FAVORE
PER TUTTI QUESTI BELLISSIMI FIGLI NOSTRI.
È DI LAVORARE IN SANTA PACE È DIO CI
LA MANDA TUTTO BENE NEL FUTURO.
CARO AMORE MIO TIVOGLIO TANTO BENE
DA MORIRE.
COSÌ AVENNO LA GANDE DISCURSIONE
CON LE DUE FAMIGLIE DEL DETTO
GRANDO BOSSO
LA FAMIGLIA DELLA MOGLIE DICEVANO
CHE DIO CI LA MANDA A TUTTI QUESTI
FIGLI È VA BENE COSÌ È UN DESTINO
DELLA VITA NOSTRA.
I GENITORI DEL GRANDO BOSSO DICEVANO
DI NON ASCOLTARE ASSOLUTAMENTO ALLE
STORIE DELLE RELIGIONE È DELLE CHIESE
CHE I PREDI SULLE ALTARE CON TUTTE
DUE LE MANI APERTI PER LE ELIMOSINE.

AL POSTO DI DIRE LE BUGIE È MEGLIO
DI DIRE LA VERA PROPIA VERITÀ È DI
USARE LE PRODIZIONE MODERNE AI
TENPI DI OGGI MOLTI FIGLI NON SI PUO
DARE ASSOLUTAMENTO UN BUONO FUTURO.

ROCCO TARANTINO

L'UOMO LA DOLCE VITA BRUCIATA

IN QUESTO MONDO BLU È PURO BELLISSIMO.
IL PADRE DE DETTO GRANDO BOSSO.
DISSO CARO FIGLIO TU NON HAI CAPITO
ASSOLUTAMENTO NIENTE CHE COSA CERCANO
È VOGLIONO PER LA L'ORA NATURA
GENITICA FEMMINILA.
LA DONNA VOULE SOLAMENTO DI
AGRANPARSE AL'UOMO PER LA SUA
SIGUREZZA È PER RICCHEZZA È DI
ESSERE COPERTA DI MILLE FIORI È DI
GIOELLI È VESTITI DI MARCHIO FIRMATO
È MOLTE ELEGANTE PER OTTENERE DAI
AMANTI È TUTTO QUELLO CHE VUOLE
LA FEMMINA VUOLE.
LA BELLA MACCHINA PER ANDARE VIA
QUANDO LEI VUOLE PER INCONTRARE I
AMICHETTI. LA DONNA.
IL PROVERBIO DICE CHE DA VANTE
TI ACCAREZANO PER FARTE CREDERE
IL VERO GRANDO AMORE.
È DI DIETRO TI TRADISCONO È SI SA
CHE LA FEMMINA È COME UNA
VIPERA VELOCEMENTA TI FA FESSO
DAVANTO AI TUOI OCCHI PROPIO. UOMO

FAI VALERE IL TUO POTERE DA GRANDO
BOSSO OCCHIO DI LEGNO FAI ATENZIONE.

21

È COSÌ VIA. ANCHE PER DIMENTICARE LA CRISA È TEATRO VARIETA CHE CERA IN FAMIGLIA È CON LA BANCA LA FRABRICA INGENERO GLOBALE DEL COMMERCIO È SEI ANCHE IL DETTO GRANDO BOSSO È PADRE PATRNE DI TUTTO LA VITA.
SAI LA VITA È MOLTO DIFICILE E CORTA STAI LAVORANDO MOLTISSIMO NEI ULTIMI TEMPI. LO DICE LA TUA MAMMA.
MA SI ADESSO NON POSSO ASSOLUTAMENTO FERMARMI.
NOVE MESI NAQUE LA QUINTA FIGLIA SANA È SALVE SENZA PROBLEMI DELLA NASCITA. È TUTTI CONTENTI È FELICE IN FAMIGLIA PER LA BELLA NOTIZIA.

LA NASCITA DELLA BAMBINA FÙ ANCHE UN MOMENTO GIUSTO È BELLO PER DIMENTICARE LA GRANDE CRISA IN FAMIGLIA CHE CERA.
SI FESTA MUSICA ALLEGRIA SPUMANTE LIGUORI PASTICINI È DOLCETTI È COSÌ VIA PER DIMENTICARE TUTTO.

IL GRANDO TERRE-MOTO AL'IMPROVISO AL'ALBA ERA ABANZA FORTO È DOVEMMO CORRERE CON I NEO NATI AL BUIO FUORI

DEL' OSPETALE È SOPRA ALLE
MACERIE È SCHEGIE DI VETRO SOTTO I
PIEDI LE GAMBE GRAFIATE SANGUE
SUL CORPO. E I PICCOLI PIANGEVONO E
STRILLAVANO TUTTI. GRAZIE A DIO
TUTTI SALVI.
ALMENO SIETE VIVI. DISSO IL GRANDO
BOSSO DI TUTTO LA GRANDA PAURA
TANTE ORE PERSO PER LA STRADA PER
ARRIVARE AL' OSPEDALE A PRENDERE I
DUE NOSTRI CARISSIMI.
DISSO LA CASA È DISABILITABILE PER
FORTISSIMO TERREMOTO PER ADESSO DOBIAMO
ABITARE FUORO SOTTO LA TENTA.
E POIO SI VEDRA.
ALMENO IL CAPANNONE È SANO POSSIAMO
LAVORARE BENE È CERCARE SENZA PAURA
DI SERVIRE A TUTTI I CHLIENTI È COSI
FU MESSO LA TENTA A POSTO LA CUCINA
E I NOVE LETTI. SI DOVEVO ABITARE
NELLA TENTOPOLA PER LE GRANDE
SCOSSE SISMICHE PER CIRCA TRE MESSI
SI SENTIVANO SEMBRE LE SCOSSE.

IL RIENTRO IN CASA DOPO IL GRANDO
DISASTROSO TERREMOTO FINALMENTO
DISSERO I PICCOLI BAMBINI È LE DONNE

SI RITORMA COME PRIMO CHE ADESSO
CI SIAMO ALLE PORTE DEL' INVERNO
È FREDDO È NEVICA ANCHE.
LA TENTOPOLA SI DEVE SUBITO SGONBRARE.
DISSERO I BAMBINI CHE NOI NON LA
VOGLIAMO PIU VEDERELA QUELLA BRUTTA
TENTACCIA.
I BAMBINI SONO DI NATURA GURIOSSISIMI
È VOGLIONO SAPERE TUTTO.
È PERCHE È COSI SU QUESTO PIANETO
PURO BELLISSIMO A VIVERE.
I BAMBINI DOMANDAVANO AL'ORO NONNO
NOI ABIAMO VISSUTO PER CIRCA TRE MESI
NELLA TENTOPOLA È ERA MOLTO MALE PER
NOI TUTTI.
È COME FANNO I POVERI NOMADI A
VIVERE COSI PER TUTTA LA L'ORA VITA
CARO NONNO.
SI È LA L'ORA VITA COSI INGENERE È LA
VERA CULTURA È CI ANNO PROBLEMI DEL
ACQUA E VEGITAZIONE PER I ANIMALI
A SOPRA AVIVERE SU QUESTO PIANETO
È PURO BELLISIMO.
SOLO DOVE NOI NASCIAMO CI DOBIAMO
ABITUARE A RISPETARE LA NATURA.
DA NOI CI SONO LE SISMICHE. È ALTRI
CI SONO ALTRI PROBLEMI ATMOSFERICHE.

È COSI CI SONO PROBLEMI DA TUTTE LE DEL MONDO CAR BAMBINI.
IL GRANDO TERREMOTO È FATTO ALZARE LE MANICHE DELLE CAMICE A TUTTI.
CHE DA MOLTO ANNI NON SI VEDEVO PIÙ DI LAVORARE CON UNA GRINDA DEL GENERO DISSO LA MOGLIE.
SI È VERO. MA ERA COSI CHE GIA AVEVANO TUTTI COSTRUITO LE L'ORE CASE. È PER QUSTO SI LA SPASSAVANO ALLA PIZZA AL BAR PER IL BUON CAFÈ.

IL PROVERBI DICE CHE IL BUON CAFÈ SI BERE SOLO AL BAR.
IL CAFÈ È UN PIACERE. SE NON È UN PIACERE. CHE COSA È ALLORA.
LA PIAZZA IL CAFÈ IL BAR È FAMOSO IN TUTTO IL MONDO. È PER ABITUTINA ANTICA ITALIANA È VERA VITA DEL MEDITERRANEO.
DISSO IL GRANDO BOSSO. È ANCHE IL COMMERCIO ANDAVO BENE SI LAVORAVO PER METTERE LA CASA IN ORDINA I DANNI FATTO DEL DISASTROSO TERREMOTO È LA VERA LOTTA CONTINUA PERMANENTO.
LA PRIMA COMUNIONA È LA CRESIMA PER IL GRANDO DISASASTRO TERREMOTO.

25

SI ERA TRASCURATO PER MANCANZE SOLDI
SI ERA PENSATO DI FARE TUTTO UNA
VOLTA SIA LA COMUNIONE E LA CRESIMA
NON ERA URGENTE E SOLO PER TRADIZIONE.
CREATO DELLA CHIESA RELIGIOSA E CERCANO
DI MINACCIARE IL POPOLO E BASTA.
LA DOMINCA DELLA CERIMONIA TUTTI
PARENTI E AMICI. L'APUNTAMENTO IN
CHIESA COME IL SOLIDO ALLA FINE TUTTI
IN SIEMO A CASA DEI GENITORI CERA GIA
IL BANCHETTO PRONTO PER FESTEGIARE.
LA COMUNIONE E LA CRESIMA COMO
SEMBRE. CON LA MUSICA AL VIVO A BALLARE
FINO A TARDA ORA. ALLA FINE LA FAMOSA
SPAGHETTATA AGLIO E MOGLIO E PEPARUOL
FURT.
CONTENTI ALLEGRI VIA A CASA L'ORO
BACI BUONATTE E SOGNI D'ORO.
AL MATTINO PRESTO TUTTI A LAVORARE.
E UN OBLICO NELLA VITA PER NOI TUTTI
DISSO IL DETTO GRANDO BOSSO.
A UNA SERA CALMA CON I SUOI AMICI.
E PARENTI.
PERCHE CI SGOBIAMO COSI NOTTE E GIORNI
SETTIMANE MESI E PER ANNE E SARA
UNA GRANDE LOTTO INUTILE NELLA NOSTRA
VERA VITA UMANA.

ROCCO TARANTINO

SU QUESTO PIANETO È PURO BLU È
BELLISSIMO. À CHE SERVE TUTTO QUESTO
CHE NOI VIVIAMO SU QUESTO MONDO
PENSO CHE SARA MEGLIO À FARE IL
VAGABONDO È LA DOLCE VITA À FAR
NIENTE.
DISSO IL GRANDO BOSSO?
CHE DIO CI LA MANDA A TUTTO BENE
CARI PER IL MOMENTO L'INFATO CARDIACO
GRAVE DELLA SUA CARA MAMMA SI CERCAVO
DI FARE TUTTO PER SALVARLA.
IL DOTTORE DELLA CLINICA DISSO SI VEDIAMO
MA NON CI FU PIÙ NIENTE DA FARE PER
LA SUA CARA MAMMA È ORA GIA DECETUTA.

AVVISARE A CASA PER IL LUTTO DI
PREPARARE TUTTO PER I FUNERALI È FU
UN FUNERALE MOLTO TRAGICO PER I FIGLI
SPECIE PER I PICCOLI CINQUE NIPOTI.
PER L'UOMO ITALIANO LA MAMMA È TUTTO
NELLA VITA. ANCHE OGGIO SI PORTANO LA
ROSA CHE LA L'ORO MAMMA AMAVO LE ROSE.
AL PRIMO PREMIO DELLA FABRICA PER LA
PENISOLA. MESSO IN PAIO. IL GRANDO BOSSO
PRESO SOLO IL SECONDO PREMIO. LA IDEA DI
UN PREMIO EXTRA IN PAIO LA GRANDA SFIDA
UNA MACCHINA FAMOSA. LA GRANDA ROSSA.

27

ALLA PRESENTAZIONE DEL PREMIO ANNUALE CERANO SOLO I TRE PREMIO SUL PARCO E LA DESIDERATA ROSSA NON CERA, IN PAIO IL DIRETTORE PER SCUSA DISSO CHE PER LA CONCORENZA NON ERA POSSIBILE DI FARE UNA PUBLICITÀ DEL GENERO.

SCUSATE E INIZIAMO COME IL SOLIDO IL TERZO PREMIO VA AL CENTRO DELLA PENISOLA.
E IL SECONDO PREMIO VA AL NORD DELLE ALPI.
E IL PRIMO PREMIO COME NON POTEVO ESSERE, VA AL SUD DELLA PENISOLA MERITATAMENTO CI LANNO MESSO TUTTO E UN FORTISSIMO APLAUSO PER TUTTI E TRE PREMIATO DI QUESTO ANNO. E AL PROSSIMO ANNO.

E IL DETTO GRANDO BOSSO DISSO NON FA NIENTE LA BELLISSIMA ELEGANTE ROSSA IL PROSSIMO ANNO CI LA PRESETIAMO NOI SECRETAMENTE. A TUTTI.

IL DIRETTORERE SI ALZO E ANUNCIO IL BANCHETTO E PER TUTTI APERO E BUNO APETITO E BUON DIVERTIMENTO E VIA CON LA MUSICA AL VIVO, FINO AL'ALBA.

28

FERRARI CHE TUTTI DA BAMBINI SOGNIANO
DISSO IL GRANDO BOSSO.
IL DIRETTORE DELLA FABRICA SPERO PER
TUTTI VOI CON LA MIA BUONA PAROLA
IL PROSSIMO CON LA ROSSA GRANDE
FERRARI IN PAIO.
ALLORA MILLE GRAZIE A TUTTI VOI AL
PROSSIMO ANNO. PER LA VERA SFIDA GRANDE.

ALLA MATTINA BEN PRESTO DI SALIRE
IN MACCHINA È DI TORNARE ALLA VECCHIA
TANA COME LA VOLPE.
BRAVISSIMI RAGAZZI DI CONTINUARE
SEMBRE COSI VIA, CHE SIAMO IN GRADO DI
PREDERE IL PRIMO PREMIO E ANCHE IL PAIO
CHE CE LA ROSSA BELLIMA ELEGANTA
CHE TUTTI NOI UOMINI SOGNIAMO SEMBRE,
NOTTE E GIORNI CARI RAGAZZI, E GRAZIE.

ALLORA ALLEGRIA E FACCIAMO VEDERE
A TUTTI CHE SIAMO STATO BRAVISSIMO SUL
LAVORO E POSSIAMONI MOSTRARE LA BELLISIMI
GRANDE ROSSA UNO DOPO L'ALTRO DI FARE
IL GIRO PER IL PAESE.

È AL'AVORO CON MOLTA GRINTA E
OCCHIO DI LEGNO ATENZIONE. SPECIE
CON I CHLIENTI MI RACCOMANDO RAGAZZI
SIATE BRAVI.
DISSO IL DETTO GRANDO BOSSO.

29

MA IL PROVERBIO RACONDA, CHE QUANDO È ARRIVATO IL MOMENTO LA LUCE DELLA CANDELA SI SPENGNA DA SOLA.

LA MORTA IMPROVISA FU UNA GRANDE TRAGEDIA IN FAMIGLI È MOLTO DI PIÙ PER I CINQUE NIPOTI PICCOLI È FAMIGLIA.

COSÌ È LA VITA DI TUTTI NOI IN QUESTO MONDO. CHI VA È CHI VIENE A SOFRIRE SIAMO COME I UCCELLI CHE VENGONO È VANNO VIA. AL'ALTRO CONTINENTO. A VIVERE.

IL GIORNO DEL FUNERALE CERA UN GRANDO CORSO DALLA CHIESA AL CIMITERO CON TANTISSIMI FIORI È CORONE È MAZZOLINI DI FIORI ALLA CAPELLA PRIVATO È DELLA LORO FAMIGIA FU SEPPELITO. LA SALMA.

DOPO ALLA FINE CE SEMBRE LA STORIA DEL' MOMO VERAMENTO SUCCESSO DEL BENE E DEL BRUTTO PASSATO NELLA SUA VITA.

LA STORIA È DESTINO SOGNI È DOLCE VITA DEL' MOMO. VI LEGO IL CAMINO DI QUESTA PERSONA GIÀ SEPPELITO DESTINATO DA DIO.

LA PRIMA VOLTA FU DI NOTTE ANDO A SALUTARE LA SORELLA CHE LUI PARTIVO

PER LA GUERRA IN AFRICA OBLICATO DAL REGIMO MOSSOLINI CADO NEL POZZO DI NOTTE É FU PER MIRACOLO SALVATO DAI VICINI DI CASA É GRAZIE L'ANGELO CUSTOTO É LA MANO DI DIO.

LA SECONDA VOLTA FU IN GUERRA IN AFRICA NELLA SECONDA GUERRA MONDIALE FASCITA. AL FRONDO DI COMPATIMENTO NEI MOMENTI DI COPROFUOCO É FAME É SETE NEL DESERTO RITORNO CON LA VAVE MILITARE A CASA SANO É SALVE, É LA FAMIGLIA CONTENTA É FELICE.

LA TERZA VOLTA FU AL LAVORO IN UNA VECCHIA BARACCA D'INVERNO PER IL FREDDO ACCESERO LA BRACIERA IN MEZZO ALLA CAMERA DA LETTO IL CARBONO NON ERA CONSUMATO TUTTO É LASCIO CARBONIZATO IN SIEMO AI ALTRI E FURTONATAMENTE FU SALTO DAI AMICI DI LAVORO É ANCHE CON L'ANGELO CUSTODO É LA MANO DI DIO.

É LA QUARTA VOLTA FU NEL SUO PROPIO TERRENO-FRANO NELLA CONDOTURA PER METTERE I TUBI PER L'ACQUA VERSO IL POZZO DAVANTO LA SUA CACA É ANCHE FU SALVATO CASUALMENTO DAL NIPOTO É ANCHE DAI POMPIERI NON ERA L'ORA É GRAZIE AL'ANGELO CUSTO DO EA DIO.

É QUESTA É LA VERA STORIA DEL NOSTRO CARO GIA SEPPELLITO É SOFERTO DURANTO IL

31

SUO CAMINO SENZA OPERAZIONE E GRAVE MALATIE LIA SUPERATO TUTTI SEMBRE CON LA MANO DI DIO.

QUESTO E IL PROVERBIO DEI NOSTRI ANTENATI ANTIGI, CHE QUANDO E ARRIVATO IL MOMENTO SE VOGLIAMO ho NON VOGLIAMO LA FIMMA DELLA CANDELA SI SPENGA E DOBIAMO ANDARE TUTTI ALLA DESTRA DEL NOSTRO SIGNORE PADRE A METTERE I NOSTRI PECATI COSI E STATO E COSI SARA ETERNAMETO CARI. E GRAZIE A TUTTI PER IL TEMPO E PAZIENZA

DOPO LETTO LA LEGENDA TUTTI IN FILA PER DARE LE CONTIGLIANZE ALLA FAMIGLIA D'ONORE E DISPIACERE. E POI TUTTI ALLE LORO CASSE, COME LA TRADIZIONE VUOLE. IL GIORNI DOPO SI DOVEVA APRIRE IL MAGAZINO AI CHLIENTI ERA ANCHE BUONO PER CERCARE DI DIMENTICARE I DOLORI ERA ANCHE UNA GRANDE RISPONSABILITA PER LA ZIENTA E PER LA NUMEROSA FAMIGLIA.

LA SFIDA PROMESSA DAL DETTO GRANDO BOSSO NON DOBIAMO DIMENTICARE LA GRANDE BELLISSIMA AMATA ROSSA FERRARI NEL MONDO CHE TUTTI I RAGAZZI SOGNANO DI POTERE LA ALMENO UNA VOLTA ACCAREZARLA E GIUDARLA LA BELLA ROSSA FERRARI.

LA TOTTA CONTINUA DISSERO I RAGAZZI.

A TARDA SERA DISSO ALLA CARA MOGLIE SAI DOMANI DEVI ESSERE A CANDO A ME PER AFARE DI COMMERCIO AL NORD CONTE È SEMBRE AL ULTIMO MINUTO, SI LA PROSSIMA VOLTA CERCHERO SE MI RICORDO CARA. TI AVISERO PRIMO. E POIO È UNA SOPRESINA.

DOPO DI TUTTE LE DISCUSSIONE IN MACCHINA SULLA AUTOSTRADA VIA NORD, CI SIAMO SUL POSTO CHIUDI I OCCHI PER FAVORO PER LA SOPRESA, ADESSO APRI I OCCHI E CERCA DI NON SVENIRE CARA PER LA ROSSA GRANDE BELLISSIMA CHE SEMBRE SOGNAVAMO. E ADESSO CI SIAMO DA VANTO È UNA REALTA VERA CARA. NON RIUSCIVA A CAPIRE PIÙ NIETE CON LA COCCA GRANDE APERTA. È UNA FERRARI VERA UN MITO SIGNORA DISSO IL DIRETORE. E UN GIOELLO E BUONA FORTUNA.

AL RISTORANTE IL CAVALLINO DELLA FERRARI A MEZZOGIORNO PER IL PRANZO È UN BELLISIMO RICORDO PER NOI DUE. CARA MIA.
DOPO IL PRANZO DISSO IL DIRIGENTO DELLA FABRICA POTETE ANDARE VELOCEMENTO CON LA FERRARI ROSSA VI FARANNO VIA LIBERA PER LA STRADA E APLAUDANO PER LA BELLISSIMA

MISTA SI VA BENE, E DOPO GUARDO IL TELEGIORNALE DELLA NOTTE CHE OGGIO NON HO AVUTO TEMPO DI ASCOLTARE LE NOTIZIE, RISPOSO LA PICCOLA SI CARO PAPA TI FACCIO COMPAGNIA IO E DOPO DORMO IN MEZZO A TE E LA MAMMA CHE E MOLTO CALDO.

AL MOMENTO CHE GUARDAVANO IL TELEGIORNALE CROLLO SUL LATO DESTRO E LA PICCOLA FIGLIA CHE COSA E ACCADUTO PAPA PERCHE NON RISPONDI CIAI I OCCHI APERTI.
CORRO DALLA MAMMA VIENI PAPA NON PARLA PIU, E SUBITO ALARMO I PARENTI E IL PRONTO SOCCORSO E IL DOTTORE DI CASA DISSO E UN FORTO INFALTO E ANCHE MEZZO LATO PARILIZATO.

ALLA CLINICA IL PRIMO INTERVENTO PIU DI QUESTO NON E POSSIBILE A DOMANI. DOTTORI CERCARTE DI FARE TUTTO IL POSSIBILE.

IL MATTINO BEN PRESTO-ERANO I PARENTI E I AMICI E I OPERAI CHE ARRIVAVO AL MAGAZINO E DOMANDAVAVO CHE COSA E SUCCESSO CHE SIETE TRISTE PIANCETE COSI.
IL GRANDO BOSSO E AVUTO UNA MALORA UN INFALTO E ANCHE MEZZO CORPO PARILIZATO.

LE ANALISE DEI MEDICI PER UNA PRONTA GUARIGIONE POSSIBILE CHE SARA DISSO LA MOGLIE.

LA ZIENTA LA FONDATA LUI È LUI SA COME È CON CHI DEVE CONTRATTARE PER POTERE ANDARE COSI AVANTO LA ZIENTA.

IL PRESTO POSSIBILE DI TROVARE UNA CLINICA ADATTO PER LE TERAPIE CHE DEVE TORNARE IL PIÙ PRESTO POSSIBILE A DIRIGERE LA GRANDE ZIENTA. PER NON RISCIARE UN FALLIMENTO.

LA CLINICA PREFERITA NEL NORD DELLA PENISOLA CHE CERANO LE MIGLIORE MODERN TERAPIE È LE MACCHINE MODERNO DEL'EUROPA. DAVANO BUONISSIMO SPERANZE CHE POTEVO TORNARE BEN PRESTO A CASA SUA È DI POTERE BENISSIMAMENTO LAVORA NELLA SUA ZIENTA DISSERO I MEDICI DELLA CLINICA DEL NORD. SPERO CHE SIA UN MIRACOLO DI DIO NOSTRO SIGNORE.

E LA FAMIGLIA ERA MOLTO CONTENTO DELLE BELLE MIGLIORAMENTO CHE IN POCO MESI FATO È TUTTO IL PAESO È FAMIGLIA COME ANCHE I SUOI AMICI ERANO CONTENTISSIMI PER IL RITORNO A CASA E NELLA SUA ZIENTA CHE MANCAVO

36

L'UOMO LA DOLCE VITA BRUCIATA

LUIO A TUTTI TANTISSIMO LA SUA PRESENZA.
È I CINQUE PICCOLI FIGLI. PREGAVANO A DIO
TUTTI GIORNI FAI IL POSSIBILE CHE NOSTO PAPA
RITORNA A CASA CHE CI MANGA TANTISSIMO.

AL'IMPROVISO IN ASPETABILE LA BRUTTA NOTIZIA
DALLA CLINICA DEL NORD PER TELEFONO
DI NOTTE CHE IL SUO MARITO ERA AVUTO
UN REINFALTO È POCO DOPO È DECETUTO È I
MEDICI NON CAPIVONO PIÙ NIENTE PER LA SUA
MORTA IN ASPETABILE.

HO DIO DIO QUESTO NON LA ASPETAVAMO
NESSUNO MAI NESSUNO MAI DELLA
NOSTRA FAMIGIA RISPOSO LA MOGLIE
AL TELEFONO.

NON CI FU PIÙ NIENTE DA FARE
PER IL DETTO GRANDO BOSSO.
LA SUA VITA SI ERA PUR TROPO SPENTA
PER L'INFINITO.
ERA L'ORA DI ANDARE ALLA DESTRA
DI DIO NOSTRO PADRE. IN CIELO.

SIAMO COME I UCCELLI DI PASSAGIO
CHI VA È CHI VIENE SU QUESTO
PIANETO È PURISSIMO BLU È BELLISSIMO
A VIVERE. SU QUESTO PIANETO. BLU

PER IL GRANDO DETTO IL BOSSO

37

ERA GIA COSI DESTINATO DI TORNARE A CASA SUA NATIVA IN UN TAVUTO DI LEGNO PER FARE LA SUA ULTIMA PRESENZA SULLA BARRA È L'ULTIMO SALUTO ALLA SUA CARA FAMIGLIA CHE AMAVO TANTISSIMO LUI.

IL GIORNO DOPO FU SEPPELITO AL PAESO NATIVO C'ERA OMASO TUTTO IL PAESO INTERO PRESENO CON TANTISSIMI FIORI È GRILANTE È MAZZOLINI DI FIORI PIANGENTI LI MESSI SUL TAVUTO È DAVANTO ALLA LORO CAPELLA CHE L'AVEVANO COSTRUITA INSIEMO AL SUO PADRE.

È IL DETTO GRANDO BOSSO È ANCORA LA NELLA CAPPELLA DELLA FAMIGLIA SEPELLITO SARA PER MOLTI ANNI ANCORA LA. SI VA SEMBRE A METERE I FIORI E LE ROSE E CERA ANCORA OGGI AL CIMITERO.

IL PROVEBIO DEI NOSTRI ANTENATI DICE CHE QUANDO È ARRIVATO IL MOMENTO LA LUCE DELLA CANDELA SI SPENGNA DA SOLA ANCHE SE NON VOGLIAMO NON C'È NIENTE PIÙ DA FARE DOBIAMO ANDARE VIA DA QUESTO PIANETO BLU È PURO BELLISSIMO.

LA LUCE SI ERA SPENTA ANCHE PER IL BOSSO PER IL DETTO IL GRANDO BOSSO.

COSI ERA TUTTO IL SUO SUDORO E LE
INUTILE CORSE E LAVORO FINITO NEL
NULLA DA UN MOMENTO AL'ALTRO MOMENTO.

MIRACOLAMENTO I GENITORI DEL BOSSO
ERANO GIÀ MORTO ERA SUCCESSO PROPIO
COME AVEVANO DETTO PRIMO LORO, E BENE
COSI CHE NON ANNO VISTO LA MALA FINE
DEL LORO FIGLIO E LA ZIENTA.

CHE È ANDATO IN FALLIMENTO E LA
FAMIGLI NUMEROSA DI SEI PERSONE VIVE
ALLA GIORNATA DISPERATAMENTE SI LAVORE
UN PO QUA E UN PO LA PER ANCHE A
SOPRA A VIVERE E LA VITA MODERNA DI
OGGI. E COSI?

LA VERA VITA BRUCIATA DEL DETTO
IL GRANDO BOSSO SU QUESTO MONDO.
E QUESTA E LA VERA VITA. IL DESTINO
DEL' UOMO DATO DA DIO PRIMO DI NASCERE
SU QUESTO PIANETO BLU E PURO
BELLISSIMO CHE NOI VIVIAMO.

NO. NO. NON È ASSOLUTAMENTO QUESTA
LA VERA NOSTRA VITA, E NE ANCHE
È IL DESTINO DATO DA DIO NOSTRO.
È SOLAMENTO CHE CI FACCIAMO+FACILMENO.
MANIPOLARE DAI POLITICI E DAL CAPITALISMO
INTERNAZIONALE E DAI LOBIISTI DALLE CHIESE

39

E RELIGIONE E MEDIE TELEVISIONE GIORNALI
E DALLE BANCHE CI FACCIAMO FARE I LAVAGIO
DI CERVELLO SENZA CHE NOI CI NE ACCORGIAMO.

DISSO IL DETTO GRANDO BOSSO UN BEL
GIORNO ALLA FINE DELLA NOSTRA VITA.
NON POSSEDIAMO NOI ASSOLUTAMENTO NIENTE.
IN VERITA TUTTI NOI. LAVORIAMO E CI
SGOBIAMO SOLO PER I LUPONI PER GLI E
ALTRI. E NON PER NOI E NE ANCHE PER
LA FAMIGLIA NOSTRA VERA FAMIGLIA NOSTRA.

CHI NON CI CREDE BASTA SOLAMENTO
A CHIUDERE GLI OCCHI PER SOLO POCO
SECONDI E NEL MOMENTO SAI SUBITO TU
CHE COSA E VERAMENTO NOSTRO. E
IN VERITA NIENTE. ASSOLUTAMENTO NIENTE.

CON NIENTE NASCIAMO E CON NIENTE
DOBIAMO ANDARE VIA IN CIELO E SOLO
LANIMA CHE VA VIA INVISIBILMENTO DA DIO.
COSI E STATO E COSI SARA SEMBRE
ETERNAMENTO. PER TUTTI NOI CHE
VIVIAMO SU QUESTO PIANETO BLU
E PURO BELLISSIMO QUESTO PIANETO
BLU.
MA SOLAMENTO LA VERA DOLCE VITA
VERA E BELLISSIMA. A FAR NIENTE VAGABONDO
GIRA MONDO GIRA. MA OCCHIO DI LEGNO
ATENZIONE VAGABONDO. FINE.

40

ROCCO TARANTINO

L'UOMO LA DOLCE VITA BRUCIATA
EINE WAHRE GESCHICHTE